Découvrez l'histoire
par les archives
de presse

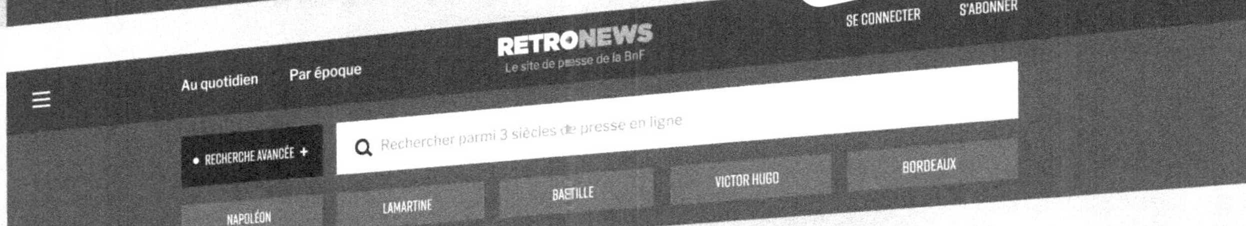

RETRONEWS
Le site de presse de la BnF
SE CONNECTER   S'ABONNER
Au quotidien   Par époque
RECHERCHE AVANCÉE +
Rechercher parmi 3 siècles de presse en ligne
NAPOLÉON   LAMARTINE   BASTILLE   VICTOR HUGO   BORDEAUX

RETRONEWS
Le site de presse de la BnF
www.retronews.fr

BIBLIOTHÈQUE

DE L'ÉCOLE

DES CHARTES.

TABLE

DES DIX PREMIERS VOLUMES.

1839-1849.

PARIS,

J. B. DUMOULIN,

LIBRAIRE DE LA SOCIÉTÉ DE L'ÉCOLE NATIONALE DES CHARTES,

QUAI DES AUGUSTINS, 13.

1849.

Paris. — Typographie de Firmin Didot frères, rue Jacob, 56.

BIBLIOTHÈQUE

DE L'ÉCOLE

DES CHARTES.

TABLES

DES DIX PREMIERS VOLUMES.

1839-1849.

PARIS,

J. B. DUMOULIN,

LIBRAIRE DE LA SOCIÉTÉ DE L'ÉCOLE NATIONALE DES CHARTES,

QUAI DES AUGUSTINS, 13.

1849.

Paris. — Typographie de Firmin Didot frères, rue Jacob, 56.

AVIS.

La Table des matières des dix premiers volumes de la *Bibliothèque de l'École des Chartes* est un Index général dans lequel sont réunis les noms de personnes, les noms de lieux et les principaux faits mentionnés dans le cours de l'ouvrage.

Elle est précédée d'une Liste chronologique de tous les documents, au nombre d'environ cinq cents, que la *Bibliothèque* a publiés. Comme on a été obligé, pour rapporter tous les articles de cette Liste à l'ordre chronologique, de donner des dates à des pièces sur l'âge desquelles les éditeurs eux-mêmes n'avaient rien voulu affirmer, on a fait suivre les dates approximatives du mot *environ*, les incertaines d'un point dubitatif (?) et celles qui sont purement arbitraires, de deux (??). Jusqu'à l'an 1500, tous les documents de la même Liste qui ne portent aucune indication sur la langue dans laquelle ils sont écrits, sont des documents latins; après 1500, ceux qui ne portent pas d'indication particulière sont en français. Voici ces indications et ce qu'elles signifient :

(gr).	texte grec.
(trad. fr.).	traduction française.
(l. d'oïl)	texte en français du Nord.
(l. d'oc)	texte en français du Midi.
(lat.).	texte en latin.

Pour la Table des matières et pour la Liste des documents, les lettres *A* ou *B* qui suivent chaque article indiquent, *A* les cinq volumes de la première, *B* les cinq volumes de la seconde série de la *Bibliothèque*; le chiffre romain qui vient ensuite marque le volume; le chiffre arabe la page. Enfin on rappelle ici que les dix volumes de la *Bibliothèque* correspondent, quant à leur publication, aux époques suivantes :

Ire SÉRIE. Tome Ier.	Du 1er septembre 1839 au 31 août 1840.				
II.	—	—	1840	—	1841.
III.	—	—	1841	—	1842.
IV.	—	—	1842	—	1843.
V.	—	—	1843	—	1844.
IIe SÉRIE. Tome Ier.	—	—	1844	—	1845.
II.	—	—	1845	—	1846.
III.	—	—	1846	—	1847.
IV.	—	—	1847	—	1848.
V	—	—	1848	—	1849.

LISTE CHRONOLOGIQUE

DES DOCUMENTS PUBLIÉS DANS LES DIX PREMIERS VOLUMES DE LA

BIBLIOTHÈQUE DE L'ÉCOLE DES CHARTES

? Inscription punique découverte à Marseille et relative au culte phénicien (trad. fr.). *B*, IV, 427.

? Inscription antique trouvée à Koum-Kalé, près du tumulus d'Achille (gr.), *B*, II, 498.

180 av. J. C. (?). — Huit sentences de Caton. *A*, II, 123-125.

13 av. J. C. — Inscription du trophée élevé par Auguste à la Turbie en mémoire de la soumission des Alpes-Maritimes. *B*, V, 393.

Du Ier siècle av. J. C. au IVe après. — Inscriptions antiques trouvées à Vaison (gr. et lat.). *B*, IV, 306-327.

Ier siècle apr. J. C. — *De Figuris vel Scematibus.* Fragment d'un poëme latin sur les figures de rhétorique. *A*, I, 64.

100 apr. J. C. (??). — Vingt et une maximes et sentences morales de l'antiquité latine. *A*, II, 117-121.

IIe siècle. (?) — Fragment antique sur la vie de Virgile. *A*, II, 127.

IIe siècle. (??) — Distique d'un césar sur l'Énéide et la Pharsale. *A*, II, 130.

IVe siècle. — Inscription découverte à Tenez prouvant que cette ville est l'ancienne *Cartenna colonia. A*, V, 411.

IVe siècle (environ). — Deux pièces de vers à la louange d'Eunomie, fille du rhéteur aquitain Nazaire. *A*, II, 144.

IVe siècle. (??) — Fragment sur les ouvrages de Virgile. *A*, II, 128.

IVe siècle. (??) — Trente maximes en vers, de l'antiquité latine. *A*, II, 121-123.

IVe siècle. — Inscription tumulaire de l'évêque Reparatus, découverte à Orléansville en Algérie. *A*, V, 103.

IVe siècle. — (?) Invocation à l'Éternel, traduite du grec en vers latins par Tibérianus. *A*, IV, 269.

Ve siècle. (?) — Centon de Mavortius en l'honneur de Virgile. *A*, II, 130.

Ve siècle. (?) — Pièce de vers sur les ouvrages de Virgile. *A*, II, 129.

VIe siècle. (?) — Deux distiques du grammairien Virgilius Maro. *A*, II, 131.

500-516. — Inscription du roi Gondebaud à Genève. *B*, III, 447.

500-800 (??). — Quatorze formules d'actes publics ou privés de l'époque mérovingienne. *A*, IV, 14-22.

550 (environ). — Épître en vers adressée à Jornandès, évêque des Goths, par un certain Honorius Scholasticus. *A*, II, 146.

558 (?). — Poëme barbare relatif à des événements du règne de Childebert Ier, restitué d'après une biographie en prose de S. Droctovée, abbé de St-Germ.-des-Prés au sixième siècle, attribuée à Gislemar, moine du neuvième. *A*, I, 328.

590 (??). — Pièce de vers sur la mission des apôtres. *A*, II, 147.

Id. — Distique contenant la paraphrase d'un précepte de la Bible. *Ibid.*

674. — Donation faite par Clodomir à l'abbaye de Saint-Sulpice de Bourges de divers droits et péages sur les portes et marchés de cette ville. (Extrait.) *B*, IV, 211, n. 2.

680 (??). — Fragment d'une comédie en vers latins de la fin du septième siècle. *A*, I, 524.

697, 25 avril. — Échange passé entre Waldromar, abbé de Saint-Germain-des-Prés, et Adalric, de deux domaines situés à Marli en Pincerais. *A*, II, 570.

750 (??). — Formule inédite. *A*, I, 218.

762. — Jugement rendu à Pavie par trois officiers du roi des Lombards, et par lequel les biens du Pisan Auripert sont attribués à un hôpital à l'exclusion d'Alpert, frère du défunt. *B*, III, 44.

769, 5 juin. — Vente faite par Nautlinde à Regefred et Arthesidare, sa femme, d'un manse situé à Puiseux (ou Puteaux) en Pincerais. *B*, II, 72.

774-814 (environ). — Vingt-cinq vers latins, en partie inédits, composés par Charlemagne. *A*, I, 306.

780, juillet. — Échange de terres et de serfs entre Aper, abbé de Saint-Hilaire de Poitiers, et Hermembert, abbé de Noaillé. *A*, II, 77.

789, 3 septembre. — Donation faite par Folrad à l'abbaye de Saint-Germain-des-Prés, de deux manses situés au village de Pesco dans le comté de Namur. *B*, II, 75.

794, 4 mai. — Donation de terre faite par Théodrade et son fils Blitric à l'abbaye de Saint-Germain-des-Prés. *B*, III, 416.

794, 27 mai.— Donation faite à l'abbé de Saint-Germain-des-Prés, d'un manse situé à Flaridisheim. *B*, III, 418.

804, 14 et 15 décembre. — Charte de fondation de l'abbaye de Gellone (Saint-Guillem-du-Desert) en Languedoc. *A*, II, 179.

808, mai. — Permission accordée par Louis, roi d'Aquitaine, aux religieuses de Saint-Hilaire de Poitiers d'y suivre la règle canonicale ou de se retirer à Noaillé pour y observer une discipline plus rigoureuse. *A*, II, 78.

842. — Donation faite par Charles le Chauve à l'abbaye de Corbie du péage d'un pont. *B*, IV, 213, note 1.

848, décembre. — Donation faite par Landrade et Fulbert à l'abbaye de Noaillé, d'un manse situé à Mignalon. *A*, II, 81.

848. — Concession faite par l'empereur Lothaire à Agilmarus, archevêque de Vienne, des droits à percevoir sur un marché établi par lui. (Extrait.) *B*, IV, 210, n. 3.

848 (?), 31 mars. — Charte de Charles le Chauve en faveur du monastère de Saint-Andoche-d'Autun. *A*, I, 208.

852, 24 février. — Charte par laquelle Charles le Chauve confirme un échange d'immeubles fait entre Odalgarius et Warin, comte de Mâcon. *A*, I, 212.

853. — Pepin Ier, roi d'Aquitaine, accorde aux religieux de Saint-Sulpice de Bourges un péage sur les ponts construits par eux sur l'Evre et l'Outron. (Extrait.) *B*, IV, 212, n. 3.

862, 25 août. — Donation faite par Charles, roi de Provence, à Gémard, évêque d'Orange, d'un terrain situé dans cette ville. *A*, I, 495.

910 (?). — Inscription en vers léonins gravée sur la frise de l'église de Notre-Dame de Vaison. *B*, IV, 333.

939, juillet. — Concession de terre faite par Téotolo, archevêque de Tours, à Bernier et à sa femme Huqnaloc. *B*, I, 445.

941, août. — Confirmation par l'archevêque de Tours de la concession d'une terre faite par Hildegarde, abbesse de Saint-Loup, à Bernier et à Huhaloc sa femme. *B*, I, 448.

980. — Ordonnance synodale rendue par Sewin, archevêque de Sens, et en vertu de laquelle quatre chapelles du *pagus Senonicus* sont accordées à l'abbaye de Saint-Pierre-le-Vif. *A*, II, 246.

1024 (avant le 25 octobre). — Gautier, chevalier, donne le monastère de Saint-Loup à l'abbaye de Saint-Julien de Tours. *B*, I, 449.

1024, 25 octobre. — Confirmation de l'acte précédent par Arnoul, archevêque de Tours. *B*, I, 450.

1026 (environ). — Acte de fondation de l'église de S. Léonard d'Alençon, par Guillaume de Bellème. *A*, I, 542.

1080-1107. — Notice d'une convention par laquelle un nommé Foulque s'engage, envers l'abbaye de Saint-Aubin d'Angers, à peindre et à fabriquer des vitraux pour la décoration du monastère, moyennant la concession en usufruit d'une maison et d'un arpent de vigne. *B*, III, 271.

1093. — Richer, archevêque de Sens, confirme à l'abbé d'Essonnes le droit de nommer les prieurs de Voulton. *B*, I, 342.

1098. — Notice d'un combat judiciaire par lequel le prieuré de Fontaines en Poitou obtient contre l'abbaye de Talmont la restitution du marais d'Angles. *A*, I, 561.

1100 (?). — Donation (sculptée sur pierre) faite par B. Tapias à l'Hôtel-Dieu de Pierrelatte. *B*, III, 39.

1100-1138. — Ordre donné par Henri Ier, roi d'Angleterre, à Richard, évêque de Londres, de faire justice à l'abbaye de Westminster des gens qui ont forcé leur église de Winton. *B*, V, 269, n. 3.

1110 (environ). — Liste des titres du rouleau funéraire de Mathilde, abbesse de Caen. *B*, III, 394.

1110-1128. — Arnaud, fils de Lohmanz de Sainte-Eulalie, étant blessé à mort, donne à l'abbaye de Saint-Pierre-et-Saint-Sever son aileu de Sainte-Eulalie. *B*, III, 283.

1113-1137. — Donation faite par Guitburge, veuve de Mathieu de Parigni, à l'abbaye de Saint-Sulpice de Bourges, de la moitié du péage d'une des portes de cette ville. (Extrait.) *B*, IV, 212, note 4.

1117-1119. — Chronique liégeoise en vers latins. *B*, III, 217.

1118 (?). — Confirmation par Henri Ier,

roi d'Angleterre, d'une donation faite par la reine Mathilde aux chanoines de la Sainte-Trinité de Londres. *B*, V, 269, n. 2.

1120 (?). — Vers d'Abailard à son fils Astralabe. *B*, II, 407-421.

1122 (environ). — Encyclique du rouleau funéraire de Vital, abbé de Savigni, et liste des titres de ce rouleau. *B*, III, 402-411.

1124-1142. — Lettre d'Abailard à Héloïse. *A*, III, 177.

1130 (environ). — Donation faite par Henri Ier, roi d'Angleterre, à l'abbaye de Cluni, de cent marcs de rente annuelle sur ses revenus de Londres et de Lincoln. *B*, V, 269, n. 1.

1131, 20 octobre. — Donation faite à l'abbaye de la Bussière, près Dijon, par Bouchard, prieur de Vergy. *A*, IV, 561.

1138, 25 mai. — Charte contenant la notice des différends des vicomtes de Melun avec l'abbaye de Saint-Maur-des-Fossés, au sujet des terres de Moisenai et Courceaux. *B*, I, 239.

1138-1141 (?).—Donation faite par Adam de Chailli de sa terre de Fontaines au prieuré de Néronville, dépendant de l'abbaye de la Sauve-Majeure. *B*, I, 255.

1138-1141 (?). — Donation de trois *hospites* faite par Adam de Chailli au prieuré de Néronville. *B*, I, 255.

1140 (?). — Accord entre Haimeric, abbé de Saint-Julien de Tours, et une femme nommée Haimeline, relativement aux biens que le mari de celle-ci avait possédés dans le domaine de l'abbaye. *B*, I, 451.

1141. — Confirmation accordée par Louis VII d'une donation de dix sous faite par Adam de Chailli au prieuré de Néronville. *B*, I, 256.

1144 (environ). — Reconnaissances du prévôt Arducius, ou règlement des droits respectifs de l'évêque, du chapitre et des bourgeois de Lausanne. *B*, IV, 431.

1146. — Donation faite par Louis VII, à l'abbaye de Barbeaux, des terres de Villefermoi et Grineis. *B*, I, 258.

1150 (environ). — Extraits d'un traité du douzième siècle sur les miracles de l'église de Coutances. *B*, IV, 343, 345, 351.

1150 (?). — Fragment du roman grec de Théodore Prodrome intitulé : *Les amours de Rhodante et Dosiclès* (vers grecs). *A*, II, 413.

1150 (?). — Extraits de l'histoire de S. Thomas de Cantorbéry, par Garnier de Pont-Sainte-Maxence. *A*, IV, 208-21...

1151. — Donation faite par D. et P. Grimals, au prieuré de Ségur en Albigeois, de la dîme de Guavauzas (L. d'oc). *B*, IV, 77.

1152-1191. — Charte (sur pierre) par laquelle Thibaut V, comte de Blois, accorde aux habitants de cette ville le règlement des droits qu'il a à exercer sur eux. *A*, II, 305.

1157, juin. — Lettre d'Abou-abd-Allah, roi de Tunis, à l'archevêque et au peuple de Pise, sur une victoire qu'il vient de remporter contre une tribu africaine, et sur les intérêts commerciaux des deux pays. *B*, V, 137.

1157-1175. — Lettre de Hugue, vicomte de Châtelleraud, à l'archevêque de Tours, à l'évêque du Mans et à l'abbé de Saint-Germain du Mans, dans laquelle il rend témoignage sur un procès entre cette abbaye et celle de Saint-Savin de Gartempe. *A*, IV, 171.

1158. — Donation faite par Udalric, seigneur de Neufchâtel en Suisse, à l'abbaye d'Hauterive. *B*, I, 569.

1160 (environ). — Donation faite par Henri, duc de Normandie, à Guillaume de Harecour, de l'usufruit d'une maison en sequestre. *B*, V, 282, n. 1.

1162-1168. — Donation faite par Hugue de Crèvecœur à l'abbaye de Saint-Lucien de Beauvais, du fief d'Eubin, dépendant de sa terre de Mormaison. *B*, III, 249.

1163 (environ). — Lettre écrite par Humbert, prieur du prieuré de Sainte-Milburge de Wenlock en Angleterre, à Humbault, prieur de la Charité-sur-Loire, au sujet d'une révolte des serfs de Wenlock. *A*, III, 569.

1164 ou 1165. — Traité conclu entre Louis VII et Frédéric Barberousse pour la destruction des Brabançons ou Cotereaux dans leurs États. *A*, III, 123.

1170 (?). — Fragment du roman grec de Nicétas Eugenianus intitulé : *Les amours de Drosilla et Chariclès* (vers grecs). *A*, II, 420 et 422.

1175 (?). — Accord entre le chapitre de Saint-Quiriace de Provins et l'abbé de Saint-Pierre-le-Vif de Sens, au sujet du moulin de Saint-Loup de Naud. *A*, II, 265.

1178. — Échange de droits de justice contre des droits de cens entre Henri, comte de Champagne, et le prieuré de

Saint-Loup de Naud. *A*, II, 264.

1182, 19 mai. — Lettre des Pisans à l'émir Youssouf, au sujet d'une difficulté qu'on leur faisait pour l'exportation des cuirs et maroquins de Bougie. *B*, V, 139.

1184. — Concession par Barthélemi, archevêque de Tours, à Mainier, abbé de Saint-Florent de Saumur, du droit de patronage et de présentation dans l'église de Saint-Simple de Châteauneuf, à Tours. *B*, I, 452.

1188. — Transaction entre le chapitre de Saint-Quiriace et l'abbé de Saint-Pierre-le-Vif, au sujet des droits du chapitre sur plusieurs biens du prieuré de Saint-Loup de Naud. *A*, II, 264.

1190. — Donation faite par Pierre, vidame de Gerberoi, à l'abbaye de Saint-Lucien de Beauvais, de son droit de voyer et de justicier sur les lieux de Pisseleu, Fontaines, Gehengnies et Luchi. *B*, III, 251.

1190-1214. — Désistement donné par Jean de Louviers, en faveur de l'abbaye de Saint-Évroul, de ses prétentions sur deux familles de serfs. *A*, I, 545.

1191, 3 août. — Caution donnée par Richard-Cœur-de-Lion, devant Saint-Jean-d'Acre, pour diverses sommes qu'il fait prêter en son nom par Jacques de Jhota à Geoffroi de la Haie, Guill. de Corram, Philippe de Galles et Mercadier. *A*, V, 36.

1191. — Caution donnée, devant Saint-Jean-d'Acre, par Philippe, évêque de Beauvais, à Waleran de Casanova, bourgeois de Pise, pour les sommes à lui empruntées par Robert de Flavigni et autres. *A*, V, 35. — Deux autres actes semblables donnés par le même au même, en faveur de Nicolas de Chambli et autres. *Ibid.*

1191. — Charte de coutume de Méru. *B*, I, 64.

1195, 10 mars. — Donation faite par Mercadier, chef de routiers, à l'abbaye de Cadouin. *A*, III, 444.

1195. — Donation de deux maisons, faite par Raymond de Rhodez et sa famille à l'abbaye de Sainte-Marie de Bonne-Combe (l. d'oc). *B*, III, 252.

1197. — Lettre de Philippe de Dreux, évêque de Beauvais, au pape, contre le roi Richard-Cœur-de-Lion qui le retient captif. *A*, V, 21.

1198. — Charte de franchise (sculptée sur pierre) donnée à la ville de Monteil (Montélimart) par Géraud Adhémar et Lambert, seigneurs de Monteil. *B*, III, 31, n.2.

1199. — Chanson provençale composée par Gaucelm Faidit sur la mort du roi Richard (l. d'oc). *A*, I, 362.

1199 (?). — Extrait du poème sur Charlemagne composé par Gille de Paris. *B*, I, 172.

1200. — Sentence d'interdit prononcée par le pape Innocent III sur les États de Philippe-Auguste. *B*, I, 24.

1200 (environ). — Cantique latin à la gloire d'Anne Musnier, héroïne provinoise. *A*, I, 295.

1202. — Échange de droits entre l'abbaye de Saint-Pierre-le-Vif et Milon-le-Breban. *A*, II, 266.

1202. — Contrat par lequel Galet donne à l'abbaye de Savigni sa ferme de Tilli et tout son bien, sous réserve de l'usufruit avec la condition qu'il sera reçu comme religieux dans l'abbaye et que sa femme sera placée dans un couvent de religieuses. *B*, I, 191.

1203, février. — Reconnaissance d'une dette de quatre-vingt-un muids de froment, donnée par Wittes de Hornaing à plusieurs bourgeois de Valenciennes. *A*, IV, 184.

1204-1222. — Règlement sur les monnaies ayant cours en Normandie et sur leur valeur. *B*, V, 199.

1206. — Partage de deux serves entre Pierre d'Auriag et une dame nommée Lombarda (l. d'oc). *B*, IV, 523.

1207. — Chanson sur le siége de Thouars fait par Philippe-Auguste (l. d'oïl). *A*, I, 366.

1210. — Donation faite par Antelme, archevêque de Patras, à l'abbaye de Cluni, du monastère de Sainte-Marie de Hiero-Komio, près Patras. *B*, V, 312.

1211. — Concession par Guill. de Marigni, aux moines de la Bussière, du droit d'exploiter une mine de fer et d'établir une forge à Gissey. *A*, IV, 562.

1212, mai. — Transaction passée devant l'archevêque de Sens entre l'abbé de Saint-Pierre-le-Vif et le curé de Naud. *A*, II, 267.

1212, juin. — Renouvellement accordé par Philippe-Auguste à Michel, seigneur de Harnon en Vermandois, d'une rente qu'il percevait sur un péage de la ville de Péronne. *B*, III, 253.

1217. — Document relatif à l'abbaye de Saint-Martial de Limoges, rédigé par Bernard Ythier, bibliothécaire de l'abbaye. *A*, IV, 352.

1219, août. — Vente faite par Raoul Duplessis, à la confrérie des marchands drapiers de Paris, d'une maison située dans cette ville. *A*, V, 477.

1223-1250. — Dialogus illius excellentissimi regis Philippi et illius boni cantoris parisiensis magistri Petri. Dialogue entre Philippe-Auguste et Pierre le chantre. *A*, II, 400.

1224, septembre. — Lettre de non-préjudice délivrée au roi par Lébert, doyen du chapitre d'Orléans, pour une faveur accordée au chapitre relativement à l'affranchissement de ses serfs. *B*, IV, 519.

1224. — Donation de tous biens faite par Guillaume le Portier à Sara sa femme (l. d'oïl). *A*, IV, 184.

1225. — Concession faite par Louis VIII à Henri Plartrard du monopole de fabrication de la monnaie parisis. *B*, V, 189, n. 2.

1226, mars. — Lettres d'hommage adressées à Louis VIII par Bernard de Gordon. *A*, III, 446.

1230. — Accord entre Mainard, abbé de Saint-Julien de Tours, et le chapitre de cette ville, au sujet des émoluments de justice de la terre de St-Loup. *B*, I, 453.

1232, mai. — Promesse faite par Gautier de Chappes à Thibaud, comte de Champagne, qui s'était porté caution pour lui envers le monastère de l'Arivour, de l'indemniser en cas de non-payement. *B*, IV, 522.

1234, novembre. — Attestation donnée par Agnès, vicomtesse de Melun, d'une donation faite par Fournier de Sainte-Gemme à l'Hôtel-Dieu du château de Melun. *B*, I, 260.

1236-1450. — Fragments d'une chronique de l'abbaye de Maillezais en Poitou. *A*, II, 158.

1237. — Lettre de deux Arabes du royaume de Tunis, au podestat de Pise, sur une affaire litigieuse pendante à Gênes. *B*, V, 140.

1238, 14 juin. — Reconnaissance des droits de relief appartenant à l'archevêque de Reims sur la châtellenie de Mouson. *B*, IV, 75.

1240, 4 octobre. — Déclaration donnée par Thibaud comte de Bar, à Raoul évêque de Verdun, au sujet de la terre de Linei. *A*, IV, 172.

1240, 13 octobre. — Rapport adressé à la reine Blanche de Castille par Guillaume des Ormes, sénéchal de Carcassonne, sur le siège mis devant cette ville par le vicomte de Béziers. *B*, II, 371.

1240. — Quelques fragments des ouvrages de Richard de Fournival (l. d'oïl). *A*, II, 40 et suivantes.

1241, 8 mai. — Jugement d'arbitres rendu à Pise au sujet d'un débat entre le chapelain des Pisans à Tunis et une société de marchands de Pise établis au même lieu. *B*, V, 141.

1243, juin. — Vente faite au comte de Champagne par Hélye, dame de la Vacherie, d'une rente assise sur le portage de Troyes. *B*, III, 255.

1245, 8 juin. — Injonction faite par Raimond, comte de Toulouse, à Roger, comte de Foix, de restituer la terre que Roger tient de lui dans l'évêché de Toulouse et de la remettre à Sicard de Montaut. *B*, I, 191.

1245, septembre. — Échange de bois entre Ermengarde, abbesse du Paraclet, et Thibaut, comte de Champagne. *B*, III, 256.

1247, février. — Échange d'une tenure en censive contre une tenure en fief, passé entre Pierre, abbé d'Hermières (dioc. de Paris), et Pierre de Neuilli-sur-Marne, chevalier. *B*, IV, 520.

1248 (?). — Requête adressée au roi de France par dame Alice, fille de Homenase, chevalier, dont les biens avaient été confisqués pendant le siége de Carcassonne. *B*, II, 375.

1248 (?). — Requête semblable à la précédente, adressée au roi par Saura, veuve de Sicard de Puicheric (?), chevalier. *B*, II, 376.

1248 (?). — Requête semblable aux précédentes adressée au roi par Sicard de Puicheric et Guillaume Sicard, son frère. *B*, II, 376.

1248 (?). — Requête adressée aux commissaires du roi par Le Noir de la Redorte, pour obtenir la restitution de 3,000 sous qui lui avaient été imposés par le sénéchal de Carcassonne pendant le siége de cette ville. *B*, II, 377.

1248 (?). — Requête adressée aux commissaires du roi par les habitants de la commune d'Aiguevive, pour obtenir la restitution de diverses sommes qu'ils avaient été forcés de payer pendant le siége de Carcassonne. *B*, II, 378.

1250, 20 avril. — Lettre adressée en Égypte à Alphonse, comte de Poitiers, frère de saint Louis, par son chapelain Philippe, trésorier de Saint-Hilaire de Poitiers (l. d'oïl). *A*, I, 394.

1250 (environ). — *Donatus provincialis*, grammaire de la langue romane (l. d'oc). *A*, I, 166.

8

1250 (environ). — *La dreita maniera de trobar;* grammaire de la langue romane (l. d'oc). *A*, I, 189.

1250 (environ). — Extraits du roman de Godefroi de Bouillon (l. d'oïl). *A*, II, 439 et suiv.

1250 (environ). — Récit de l'emprisonnement et du procès de Pierre Pillart, chevalier du comté de Beaumont-sur-Oise, accusé d'avoir battu et volé un clerc. *B*, IV, 407. — Supplique de Pierre Pillart au roi (l. d'oïl). *Ibid.*, 411.

1250 (environ). — Getæ et Birriæ liber, sive Amphitryoneis. Poème latin composé, avant le onzième siècle, par un auteur inconnu nommé Vitalis. *B*, IV, 486; et *B*, V, 425.

1256, décembre. —Vidimus de l'hommage lige fait en 1211 à Philippe-Auguste, par Bertrand de Gourdon. *A*, III, 446.

1258, 10 juin. — Donation de 40 sous, faite par Agnès, dame d'Ablon, à la chapelle d'Ablon. *A*, IV, 169.

1260, 25 avril. — Nomination du prêtre Opitho, par l'archevêque de Pise, à l'administration de l'église de Sainte-Marie de Tunis. *B*, V, 143.

1264, 10 août. — Contrat par lequel Bonaventure Bonnacursi et autres louent leur navire, appelé le Bonaventure, à plusieurs marchands de Pise pour un voyage à Bougie, et règlent les conditions du marché. *B*, IV, 250.

1265, 13 juillet. — Lettre de Guillaume, sire de Daulley, au comte de Champagne, dans laquelle il déclare qu'il a cédé à son fils Geoffroi les revenus qu'il tient en fief du comte sur les foires de Troyes, de Bar et de la Ferté. *A*, IV, 170.

1268, 17 avril. — Nomination, faite par le viguier de Marseille, d'Hugues Bergonion, marchand de cette ville, aux fonctions de consul pour le voyage qu'il doit faire à Bougie sur le navire le Saint-Jacques. *A*, II, 392.

1268, novembre. — Amortissement concédé par Raoul le Boutellier, de Senlis, d'une dîme de vin donnée aux Templiers, par Jean de Saint-Port (l. d'oïl). *B*, IV, 76.

1269 ou 70. — Vente faite par Huguet de Conflans à Henri, fils du comte de Champagne, des biens qu'il avait à Villeneuve-au-Chemin (l. d'oïl). *B*, I, 192.

1270, février. — Amortissement accordé par Thibaut VII, comte de Champagne, aux religieux du prieuré de Voullon, pour tous les biens qu'ils possédaient dans ses domaines. *B*, I, 343.

1270, 24 septembre. — Lettre de Thibaut, roi de Navarre, à Othon, évêque de Tusculum, au sujet de la mort de saint Louis. *A*, V, 108 et 110.

1270. — Chanson sur les établissements du roi saint Louis (l. d'oïl). *A*, I, 370.

1272, 29 avril.—Rétablissement du prêtre Jaffero dans la cure de l'église des Pisans à Bougie, qu'il avait été obligé de quitter par suite de l'expédition des Français contre Tunis. *B*, V, 144.

1272. — Prêt à l'aventure fait par Solaccio Vinaico de Pise à un négociant de la même ville, pour une expédition commerciale à Bougie. *B*, V, 143.

1273, 18 avril. — Lettre de non-préjudice délivrée par Robert, duc de Bourgogne, au comte de Champagne, au sujet de ce que le comte avait bien voulu lui faire hommage à Sézanne, au lieu de le faire à Augustines (l. d'oïl). *B*, III, 254.

1274, 28 septembre. — Notice d'une ordonnance rendue par l'abbé de Saint-Maur-des-Fossés pour l'armement de ses vassaux. *B*, V, 68.

1275, 16 mars. — Reconnaissance faite par Olivier Avenel, chevalier, qu'il est débiteur, envers les religieux de la Sainte-Trinité de Mortain, d'une rente assignée sur son moulin de Chalandré (l. d'oïl). *B*, I, 191.

1275 (?). — Lettre de Jean de Ribemont, aux maire et jurés de Saint-Quentin, sur les affaires de cette ville et les influences qui régnaient alors à la cour (l. d'oïl). *B*, III, 157.

1277, novembre. — Relation d'un jugement de la commune de Saint-Quentin, par lequel Roulin le Mesureur, banni pour avoir maltraité une femme, et pris en récidive, fut condamné à avoir un pied coupé (l. d'oïl). *B*, III, 425.

1280 (environ). — Traité de l'office du podestat dans les républiques italiennes. (Extraits du 3e livre du *Trésor* de Brunetto Latini (l. d'oïl).) *A*, II, 319.

1280 (environ). — Liste, envoyée par les magistrats de Valenciennes à ceux de Saint-Quentin, des gens de mauvaise vie bannis de Valenciennes pour leurs mœurs dépravées (l. d'oïl). *B*, III, 422.

1281, 23 mai. — Attestation donnée par Gui de Mauvoisin sire de Rosni, Macé vidame de Chartres et autres, du serment prêté en leur présence par Simon évêque de Chartres, de ne rien faire dans cette ville contre la souveraineté de Pierre, comte d'Alençon de Blois et de Chartres. *A*, V, 166.

1285, mars. — Cession faite par Richard du Fay au roi, du fief du Mesnil près la forêt de Bonneville-en-Auge, en retour de l'extinction d'une rente due sur un autre fief des environs de Pont-Audemer. *B*, IV, 521.

1285, 26 avril. — Confirmation de tous biens accordée à l'abbaye de la Bussière par Robert, duc de Bourgogne. *A*, IV, 562.

1290, 8 février. — Bulle du pape Nicolas IV, par laquelle il recommande la piété aux chevaliers chrétiens engagés au service des rois maures d'Afrique, et les invite à prêter obéissance à son légat Rodrigue, évêque de Maroc. *B*, III, 519.

1290 (environ). — Lettre par laquelle les maire et jurés de Laon font connaître à ceux de Saint-Quentin les principes de la justice municipale de Laon à l'égard des gens de mauvaise vie (l. d'oïl). *B*, III, 425.

1291, 11 mars. — Quittance donnée par Simon de Dargies à Charles de Valois, frère de Philippe le Bel, pour la vente d'une rente de 50 l. par. assise sur le trésor royal du Temple (l. d'oïl). *B*, IV, 522.

1293, 15 juin. — Lettre adressée à la commune de Marseille par les consuls et marchands de cette ville établis à Bougie, pour se plaindre des vexations que les Arabes leur font subir (l. d'oc). *A*, II, 393.

1295, 6 juin. — Traité d'alliance conclu entre Éric, roi de Norwège, et Philippe le Bel contre l'Angleterre. *A*, II, 359.

1295, 20 juin. — Acte de renonciation de Philippe le Bel et de Charles de Valois, son frère, au royaume d'Aragon, consenti moyennant la renonciation du roi d'Aragon au royaume de Majorque. *A*, V, 167.

1297, 12 septembre. — Aveu et dénombrement fourni par Jean Lemoine de Nevent, écuyer, des fiefs tenus par lui de l'archevêque de Reims à Mouson et aux environs. *B*, IV, 76.

1300, 4 février. — Dispense accordée par le pape Boniface VIII à Charles d'Anjou, d'épouser Catherine de Constantinople, sa parente, à condition que ledit Charles aidera le Saint-Siége à recouvrer le royaume de Sicile contre le roi d'Aragon. *A*, V, 168.

1300. — Extraits d'un ouvrage attribué à l'avocat Pierre du Bois et intitulé : *Summaria brevis et compendiosa doc-trina felicis expeditionis et abreviationis guerrarum ac litium regni Francorum.* *B*, III, 274-301.

1303, 7 mai. — Ordre de Philippe le Bel à Pierre de Mornay, évêque d'Auxerre, de se rendre immédiatement à Paris, où il a besoin de l'entretenir des affaires publiques. *A*, V, 169.

1303, 16 juillet. — Ordre donné par Philippe le Bel à l'évêque d'Auxerre (et probablement à tous les autres dignitaires du royaume) de marcher contre les Flamands avec toutes les forces dont il peut disposer (l. d'oïl). *A*, V, 170.

1310, 3 avril. — Accensement d'une pièce de terre située en Albigeois, fait à Pierre Carrandier par Jean d'Albières, seigneur de Viaus (l. d'oc). *B*, III, 250.

1315, 24 janvier. — Lettres par lesquelles Louis X reçoit et approuve les comptes d'Enguerran de Marigni (l. d'oïl). *A*, III, 14.

1316, 23 février. — Sentence d'expropriation rendue contre Guillaume Guiart, ménestrel de bouche, par le chambrier de la justice de Sainte-Geneviève de Paris (l. d'oïl). *B*, III, 13.

1316. — Extraits d'un compte du trésor du roi pour cette année. *A*, V, 380 et 381.

1318, 16 novembre. — Compte des dépenses faites par Vincent de l'Épée, messager chargé de faire faire des prières pour l'âme de Philippe le Bel dans la province d'Aquitaine (l. d'oïl). *A*, III, 13.

1320, 26 février. — Lettre du roi au bailli de Troyes, pour faire cesser les abus commis dans cette ville par les Juifs. *B*, V, 414.

1320 (environ). — Fragments de poésies françaises écrites dans le dialecte employé en Italie et dans les Échelles du Levant. *A*, IV, 180.

1321, 14 septembre. — Statuts de la corporation des ménétriers de Paris (l. d'oïl). *A*, III, 400.

1322, 19 mars. — Arrêt de la chambre des comptes sur un procès de Jean des Barres, maréchal de France, avec le fisc royal (l. d'oïl). *A*, V, 383, n. 1.

1322, 6 mai. — Lettre adressée d'Avignon au roi Charles le Bel par le comte de Clermont, le sire de Noyers, Étienne de Mornay et Pierre de Mortemart, ses ambassadeurs auprès du pape Jean XXII (l. d'oïl). *A*, V, 393.

1323, 16 juin. — Examen, par la chambre des comptes, du mémoire présenté par Jean Remy, receveur de Champagne, pour ses frais de bureau (l. d'oïl). *A*, V, 387.

1323, juillet. — Compte des sommes dues à Étienne de Mornay, conseiller à la cour des comptes, pour sa présence aux séances de la chambre du 8 janvier 1322 au 1er juillet 1323. *A*, V, 383, n. 2.

1326, 11 février. — Provision donnée par la république de Florence afin de faire faire des canons et des boulets pour sa défense. *B*, I, 50.

1328. — Compte de la répartition du subside levé cette année en France pour la guerre de Flandre (l. d'oïl). *A*, II, 170.

1330-1371.—Document relatif à quelques points de la coutume de Paris au quatorzième siècle. *B*, I, 398.

1333, 17 juillet. — Déclaration faite à l'officier de la justice du prieuré de Saint-Martin-des Champs, par plusieurs témoins, concernant un viol, et procès-verbal dressé à ce sujet par les matrones jurées (l. d'oïl). *B*, IV. 512, n. 4.

1339, 8 octobre. — Quittance donnée par Hughes de Cardilhac au maître des arbalétriers pour le prix de dix canons fabriqués par lui et ses gens (l. d'oïl). *B*, I, 51.

1339, 6 décembre. — Quittance donnée par Étienne Morel au clerc des arbalétriers du roi pour le prix de poudre à canon fabriquée par lui (l. d'oïl). *B*, I, 51.

1341, 13 novembre. — Extrait des registres du parlement de Paris et ordonnances du roi relatifs à un procès entre Guill. du Brueil, avocat, et Baras de Châteauneuf, chevalier (l. d'oïl). *A*, III, 60.

1344, 10 octobre. — Quittance donnée par Arnaud d'Anglars et plusieurs autres au trésorier du roi, dans la sénéchaussée du Périgord et Quercy, des frais d'un voyage fait par eux à Paris pour témoigner en justice. *A*, III, 59, note.

1345, 29 avril. — Quittance donnée par Raim. Larchier pour les dépenses de l'approvisionnement d'artillerie du château de Sompui. *B*, I, 51.

1346, septembre. — Lettre de rémission accordée par la ville de Tournay à un artilleur qui avait tué un homme en essayant un canon (l. d'oïl). *B*, I, 45, n. 2.

1346-1439. — Extraits d'une chronique anglo-normande inédite (l. d'oïl). *B*, III, 111-132.

1347, 18 juin. — Transport fait par Élisabeth, veuve de Gautier Scaudeman, aux religieuses du Parc-aux-Dames de Louvain, d'un cens assis sur une maison de cette ville. *B*, IV, 77.

1349-1352. — Extraits du registre des délibérations de la municipalité d'Agen, relatifs à l'artillerie de la ville (l. d'oc). *B*, I, 46, n. 2.

1350.— Poëme latin sur la peste de 1348, composé par maître Simon de Covin, astrologue, sous le titre de : *Carmen de judicio Solis in conviviis Saturni*. *A*, II, 206.

1353, 28 mars.— Autorisation donnée par le roi Jean, à ses gens des comptes, de payer au peintre Jean Coste les peintures par lui faites au château de Vaudreuil, en s'en rapportant sur le chiffre de la somme à sa déclaration confirmée par serment. *B*, III, 336.

1363, juin. — Trois lettres de rémission accordées par le roi, l'une à un archer de la ville de Paris, l'autre à un commissaire examinateur au Châtelet, et la troisième à un bourgeois, qui avaient méconnu les privilèges de l'Université de Paris (l. d'oïl). *A*, V, 482-489.

1354, 14 mai. — Traité de paix et de commerce conclu entre la république de Pise et le roi de Tunis. *B*, V, 145.

1356, 25 mars. — Devis des travaux de peinture exécutés au château de Vaudreuil par Jean Coste (l. d'oïl). *B*, I, 544.

1356. — Extrait des doléances des États généraux de 1356 sur les vices du gouvernement (l. d'oïl). *A*, V, 243, n. 5.

1358 (mai?). — Articles contre Robert le Coq, évêque de Laon (l. d'oïl). *A*, II, 365.

1359, 17 juin. — Reconnaissance donnée par Lermite de Bachevillier, capitaine de Saint-Maur et de la Queue, d'un approvisionnement d'artillerie reçu par lui. (l. d'oïl). *B*, I, 52.

1359, 15 octobre. — Reconnaissance fournie par Guill. Larchier, artilleur du roi au château de Melun, pour un approvisionnement d'artillerie reçu par lui (l. d'oïl). *B*, I, 53.

1364 ou 65. — Requête présentée à la chambre des comptes par un sergent d'armes du roi pour obtenir remboursement des frais faits par lui en poursuivant la restitution de biens du Dauphin pillés par des pirates génois (l. d'oïl). *A*, I, 284.

1368, 27 août. — Ordre adressé par G. du

Merle, capitaine général de Normandie au vicomte de Bayeux, de payer 10 fr. d'or à J. Hardy, prisonnier des Grandes Compagnies, qu'il a chargé de s'informer de l'état du château de Vire tenu par elles (l. d'oïl). *A*, III, 275, n. 1.

1370, 15 juillet. — Ordonnance par laquelle Louis, duc d'Orléans, fait payer à J. Beneger, maître de l'artillerie du roi, 117 fr. pour l'achat de munitions de guerre (l. d'oïl). *B*, I, 53.

1371, 29 décembre. — Quittance donnée par Jean de Lions, maître de l'artillerie du roi, au sujet de l'achat par lui fait de diverses munitions de guerre (l. d'oïl). *B*, I, 54.

1372, 11 avril. — Sentence rendue par Jean Boutillier, lieutenant du bailli de Vermandois, et attribuant la connaissance d'un homicide commis dans un cimetière au bailli du Tournésis, à l'exclusion des doyen et chapitre de l'église de Tournay (l. d'oïl). *B*, IV, 139.

1372, 27 octobre. — Ordonnance de police faisant défense aux taverniers de donner à boire, et aux ménétriers de jouer, l'heure du couvre-feu sonnée (l. d'oïl). *A*, III, 403.

1373, 14 août. — Ordre donné par le connétable du Guesclin au capitaine de la ville et du port de la Roche-Deryen, de laisser l'évêque et les habitants de Tréguier embarquer et débarquer les denrées en franchise (l. d'oïl). *B*, III, 237.

1373, 7 septembre. — Reconnaissance fournie par Jean de Hangest, capitaine de la forteresse du pont de Charenton, pour diverses munitions de guerre par lui reçues (l. d'oïl). *B*, I, 55.

1374, 1er novembre. — Lettres par lesquelles l'amiral Jean de Vienne engage Girart de Figeac, canonnier, à travailler à l'artillerie du roi moyennant 15 fr. d'or par mois pour ses gages (l. d'oïl). *B*, I, 55.

1375, 13 mars. — Quittance donnée par Milet de Lions du prix des dépenses par lui faites pour l'artillerie du siége de Saint-Sauveur-le-Vicomte (l. d'oïl). *B*, I, 56.

1375, 4 mai. — Quittance donnée par Girart de Figeac pour le payement des dépenses du grand canon de Saint-Lô (l. d'oïl). *B*. I, 56.

1376, 5 décembre. — Gratification de 200 fr. d'or accordée par Charles V à Raymon du Temple, son sergent d'armes et maçon : avec la quittance (l. d'oïl). *B*, III, 58.

1377, 16 février. — Ordonnance par laquelle Charles VII lève la défense faite aux marchands de Venise de trafiquer en France (l. d'oïl). *B*, III, 213.

1377, 16 mai. — Mandement pour le payement de deux charretiers qui avaient voituré six canons de Caen à Saint-Sauveur-le-Vicomte (l. d'oïl). *B*, I, 56.

1377, 23 novembre. — Reconnaissance de 190 fr. d'or dus par le roi Charles V à D. Rapponde, marchand de Paris, pour fournitures relatives à la reliure de différents livres (l. d'oïl). *A*, II, 68.

1379, 11 septembre. — Procuration donnée par la république de Pise au chevalier Rainerio de Gualandi pour traiter de la paix, au nom de la république, avec les rois de Bone, de Bougie et de Tunis. *B*, V, 152.

1380 (?). — Extraits de la chronique de Guillaume de Machaut, relatifs à l'histoire de Chypre (l. d'oïl). *B*, I, 491, n. 1; 494, 505 et suiv.

1380 (??). — Lettres de constitution de baillif. *B*, IV, 103.

1382. — Ballade sur la sédition des Maillotins, par Eust. Deschamps (l. d'oïl). *B*. I, 368.

1391, 22 février. — Procès-verbal de deux interrogatoires de témoins faits par Jean Boutillier, lieutenant du bailli de Tournai, au sujet de l'état et de la fortune de divers individus condamnés à des amendes (l. d'oïl). *B*, IV, 142 et 143.

1391, 15 avril. — Jugement de flétrissure et de bannissement rendu par les maire et jurés de Saint-Quentin contre Pierre Bernart et Jean Fillier son gendre, pour escroquerie et faux en écriture de commerce (l. d'oïl). *B*, III, 423.

1390. — Complainte sur la folie de Charles VI, par Christine de Pisan (l. d'oïl). *A*, I, 375.

1394, 8 juillet. — Gratification de 200 fr. d'or accordée par Louis, duc d'Orléans, à maître Remon du Temple, sergent d'armes et maître des œuvres de maçonnerie du roi, à cause des travaux qu'il a faits pour le duc dans l'église des Célestins et à l'hôtel de Bohême (l. d'oïl). *B*, III, 59.

1394. — Inscription de la cuve baptismale de Charles V dans l'église de Médan (l. d'oïl). *B*, IV, 150.

1395, 14 septembre. — Ordonnance de police défendant aux ménétriers et autres de chanter dits, rimes ni chanson faisant mention du pape, du roi, etc. (l. d'oïl). *A*, III, 404.

1400 (?). — Les demandes que le roy fait des coustumes de fief à l'usage de France (l. d'oïl). *B*, V, 48.

1402, 24 mars. — Quittance de sept mille francs d'or accordés par le roi à sept chevaliers français vainqueurs de sept Anglais dans le tournois de Montendre (l. d'oïl). *A*, I, 378.

1402. — Trois ballades de Christine de Pisan sur le combat de sept Français contre sept Anglais (l. d'oïl). *A*, I, 379, 380 et 381.

1403, 19 mars. — Ordonnance de Loys, duc d'Orléans, pour une gratification de 200 l. t. qu'il accorde à Guill. de la Champagne (l. d'oïl). *A*, I, 385.

1403, 14-18 avril. — Procédure relative à une tentative de rapt commise sur Jeanne Hemery, épicière de la rue Saint-Denis, à Paris, par Regnault d'Azincourt (l. d'oïl). *B*, III, 323.

1408, 10 novembre. — État donné par Pierre de Mornay, gouverneur du duché d'Orléans, des réparations faites à Orléans à l'hôtel de la duchesse et à l'hôtel de la recette du domaine, pour recevoir la reine, le duc de Guyenne et mesdames de Guyenne et de Charolois (l. d'oïl). *B*, IV, 469.

1408, 14 novembre. — Ordre de Pierre de Mornay pour faire payer à Guillot Boilleve plusieurs pièces de vin employées par la reine, le duc de Guyenne et leur suite pendant leur séjour à Orléans (l. d'oïl). *B*, IV, 470.

1409, 31 octobre. — 1410, 14 février. — Trois quittances de Pierre de Mornay, relatives à un voyage fait par lui, d'après les ordres du duc d'Orléans, vers le comte d'Armagnac (l. d'oïl). *B*, IV, 471.

1410, 30 avril. — Quittance donnée par Pierre de Mornay pour vingt-trois jours employés au service du duc d'Orléans par lui et vingt-neuf autres gentilshommes (l. d'oïl). *B*, IV, 455, n. 1.

1411, 9 octobre. — Expédition adressée à l'Université de Paris du manifeste écrit au roi par Jean, comte de Roussy et de Braine, Jean de Hangest et vingt-deux autres seigneurs, pour lui déclarer qu'ils embrassent la cause du duc d'Orléans contre les meurtriers du duc son père et les ministres du roi qui les favorisent (l. d'oïl). *B*, IV, 472.

1413, 3 février. — Rapport adressé au roi sur les doléances du clergé aux États généraux de 1413 (l. d'oïl). *B*, I, 281.

1413, 2 mai. — Lettre de la commune de Paris à celle de Noyon sur les affaires politiques du temps (l. d'oïl). *B*, II, 59.

1413, 8 mai. — Réponse de la commune de Noyon (l. d'oïl). *B*, II, 63.

1413, même jour. — Lettre par laquelle le sire de Bains, bailli de Vermandois, écrit aux maire et jurés de Noyon qu'il approuve leur réponse (l. d'oïl). *B*, II, 64.

1413, 16 août. — Autre lettre de la commune de Paris à celle de Noyon (l. d'oïl). *B*, II, 65.

1415, 30 septembre. — Reconnaissance de 2,000 écus dus par le duc d'Orléans à Pierre de Mornay (l. d'oïl). *B*, IV, 467.

1416, 1er avril. — Quittance donnée par Jean de Joinville, capitaine de Baugency, au trésorier du duc d'Orléans, pour la dépense d'un millier de *pierres à canon*.

1416, 20 mai. — Acte d'un dépôt de 3,000 fr. en or confiés secrètement par la reine Isabelle de Bavière aux religieux de l'abbaye de la Sainte-Trinité de Vendôme (l. d'oïl). *B*, V, 333.

1419, 14 avril. — Ordonnance par laquelle Tanneguy du Chastel confie à Pierre de Mornay l'inspection de toutes les troupes de Poitou et de Saintonge destinées à réduire le sire de Partenay à l'obéissance du régent (l. d'oïl). *B*, IV, 466, n. 2.

1420, 4 octobre. — Ordonnance par laquelle Jean, duc de Bretagne, défend à ses officiers à la Roche-Deryen de prélever aucun droit sur les denrées embarquées ou débarquées dans le port de cette ville pour l'évêque et les habitants de Tréguier (l. d'oïl). *B*, III, 239.

1423 (environ). — Mémoire des tapisseries que Jacquet Colins, garde de la tapisserie du duc d'Orléans, a délivrées au roi et à la reine (l. d'oïl). *B*, III, 136.

1425, 5 avril. — Donation faite par Charles VII à Éléonore de Paul, fille d'honneur de la reine (l. d'oïl). *B*, III, 139.

1427, 31 mai. — Décharge donnée par Jean de Rochechouart et Pierre Sauvage à Jean de Tuillières pour les livres, tapisseries et autres meubles du château de Blois (l. d'oïl). *A*, V, 61.

1427, 31 mai. — Inventaire des livres de la bibliothèque du duc d'Orléans au château de Blois (l. d'oïl). *A*, V, 64-82.

1429, 19 janvier, — 19 février. — Trois pièces relatives à un don fait par la municipalité de Tours à une jeune fille de cette ville, sur la demande de Jeanne d'Arc (l. d'oïl). *A*, IV, 488 et suiv.

1429, 28 février. — Attestation délivrée par Pierre Sauvage, secrétaire du duc d'Orléans, des dépenses faites par Jean de Rochechouart pour le transport de Blois à la Rochelle et pour l'inventaire des livres, tapisseries et autres meubles enlevés du château de Blois par ordre du duc à cause des incursions des Anglais (l. d'oïl). *A*, V, 62.

1429, 30 septembre. — Ordre du duc d'Orléans pour le payement de deux marchands de cette ville par lesquels il avait fait fournir un habillement à Jeanne d'Arc, avec la quittance (l. d'oïl). *B*, I, 548.

1429, 9 novembre. — Lettre de Jeanne d'Arc aux habitants de Riom pour leur demander des munitions de guerre (l. d'oïl). *A*, V, 519.

1430. — Fragments des chroniques de Georges Chatelain, relatifs à l'histoire de l'année 1430 (l. d'oïl). *A*, IV, 67-78.

1431, 7 mars. — Donation de la seigneurie de Puseigne en Dauphiné, faite par Charles VII à Rodrigue de Villandrando (l. d'oïl). *B*, I, 153.

1431, 31 décembre. — Extrait d'un compte de dépenses faites par les ordres de la duchesse de Bourgogne pour divers travaux d'art (l. d'oïl). *A*, V, 409.

1431. — Extraits des registres des comptes de l'hôtel de ville de Tours pour l'année 1431-1432. *B*, I, 155. — *Id.* (l. d'oïl) pour le mois de mai 1437. *Ibid.*, 232.

1432, janvier. — Extraits de l'ordonnance dressée pour la répartition des deniers votés par les États d'Auvergne (l. d'oïl). *B*, I, 154.

1433, 17 janvier. — Promesse donnée par Rodrigue de Villandrando au vicomte de Turenne d'être son ami et allié (l. d'oïl). *B*, I, 157.

1433, 10 mai. — Allocation accordée par Guillaume, évêque et duc de Laon, à Pons de Quercy, receveur particulier à Lautrec, à cause des frais d'un voyage qu'il a à faire pour la défense du pays de Languedoc (l. d'oïl). *B*, I, 160.

1433, 24 mai. — Contrat de mariage de Rodrigue de Villandrando et de Marguerite, bâtarde de Bourbon (l. d'oïl). *B*, I, 157.

1433, 14 juillet. — Allocation de vingt-cinq moutons d'or accordée au contrôleur de la recette de la sénéchaussée de Beaucaire par les commissaires nommés pour répartir la taille votée par le tiers état de Languedoc et Guyenne (l. d'oïl). *B*, I, 161.

1433, 31 juillet. — Quittance donnée par Pascal de la Fargue, trésorier du comte de Foix, pour cent moutons d'or payés à la recette de Nîmes par Antoinette Saichet de Montpellier (l. d'oc). *B*, I, 162.

1433, 31 juillet. — Quittance donnée par Pascal de la Fargue, de 500 moutons d'or à lui accordés par le comte de Foix, pour l'avoir aidé à faire rentrer Avignon sous la puissance du pape (l. d'oc). *B*, I, 162.

1434, 3 février. — Quittance donnée par Pascal de la Fargue au receveur particulier du diocèse de Castres, pour une somme à lui octroyée par le comte de Foix (l. d'oc). *B*, I, 163.

1436, 2 août. — Convention passée entre le duc de Bourbon et Rodrigue de Villandrando, pour l'assiette de mille livres de rente stipulées dans le contrat de mariage de Rodrigue avec Marguerite de Bourbon (l. d'oïl). *B*, I, 166.

1436, 16 août. — Mandement du juge d'Orléans pour le payement de ceux qui ont conduit et fait passer à Tours les tapisseries qui ont servi aux noces du dauphin (l. d'oïl). *B*, III, 138.

1437, 6 avril. — Quittance donnée par Jean de Caramaing à Bernard d'Urban, de 225 l. t., pour les travaux et dépenses par lui faits pour l'assemblée des trois États tenue à Béziers en novembre 1436 (l. d'oïl). *B*, I, 230.

1438, 1er mai. — Quittance donnée par Bertrand Teysier, consul de Salgue, à Jean Chaste, receveur du diocèse de Mende (l. d'oc). *B*, I, 234.

1438, 14 novembre. — Quittance de Rodrigue de Villandrando pour 200 l. à lui votées par les États de la basse Auvergne (l. d'oïl). *B*, I, 235.

1438. — Extraits de la chronique des ducs d'Alençon, par Perceval de Caigny (vingt-neuf chapitres relatifs à Jeanne d'Arc) (l. d'oïl). *B*, II, 149.

1439, 13 janvier. — Lettres de Charles VII au sujet de l'administration temporelle du prieuré de Saint-Loup de Naud (l. d'oïl). *A*, II, 270.

1436, 17 mars. — Quittance de Pierre de Vivar, intendant de Rodrigue de Villandrando, pour une allocation d'argent à lui faite par les capitouls de Toulouse (l. d'oc). *B*, I, 236.

1439, 21 avril. — Quittance de Rodrigue

de Villandrando pour 2,000 écus d'or à lui payés par les capitouls de Toulouse (l. d'oïl). *B*, I, 236.

1439 , 6 mai. — Allocation faite par les capitouls de Toulouse au viguier de cette ville, sur l'impôt établi par suite des accords passés entre le conseil du roi et Rodrigue de Villandrando (l. d'oc). *B*, I, 237.

1439, 19 mai. — Quittance donnée à un receveur par les élus pour les aides en la ville et diocèse de Toulouse, d'une somme due par la ville de Carcassonne pour l'entretien des troupes du roi (l. d'oc). *B*, I, 235.

1439, 12 juin. — Quittance de Rodrigue de Villandrando pour une somme à lui votée par les États d'Auvergne (l. d'oïl). *B*, I, 238.

1441, juin. — Lettres de rémission accordées par Charles VII à Jean de Signenville, écuyer, capitaine des gens de guerre rassemblés par une fausse Jeanne d'Arc (l. d'oïl). *B*, III, 116, n. 3.

1445, 20 avril. — Sauf-conduit délivré par le connétable de Richemont au bâtard de Limeuil, chargé de ramener dans leurs foyers cent soixante cavaliers licenciés par ordonnance (l. d'oïl). *B*, III, 124, n. 3.

1445, 4 décembre. — Ordonnance par laquelle Charles VII établit dans la sénéchaussée de la Marche cinq commissaires chargés de percevoir, d'après un nouveau mode, une aide pour la solde des gens d'armes. *B*, III, 127. —— Commission par laquelle Jacques de la Ville est institué receveur de l'aide ci-dessus. *Ibidem* (l. d'oïl).

1447, septembre. — Rémission accordée par Charles VII à Mathurin de Cardaillac, pour la détrousse de Alonzo de Zamora et Alonzo de Benavent (l. d'oïl). *B*, I, 231.

1448, 10 février. — Rémission accordée par Charles VII à plusieurs paysans de Saint-Just-d'Avray en Beaujolais, pour le meurtre de deux hommes d'armes (l. d'oïl). *B*, I, 163.

1448 et 1449. — Extraits des comptes du receveur général du roi en Normandie (l. d'oïl). *B*, III, 132-135.

1450 (environ). — Extraits d'un mystère de la Passion tiré de la bibliothèque d'Arras (l. d'oïl). *A*, V, 38 et suiv.

1450 (?). — Chronique du siége d'Orléans et de l'établissement dans cette ville de la fête du 8 mai 1429 (l. d'oïl). *B*, III, 509.

1452, 18 août. — Déclaration faite au procureur de la commune de Dijon par Philippe Gaigneur, habitant de Provins, d'un événement récemment arrivé à Provins et relatif aux sorcelleries des Vaudois (l. d'oïl). *B*, III, 90.

1452 — Fragments des comptes de la ville de Poitiers. *A*, I, 229 et suiv.

1453, 19 juillet. — Lettre écrite sur la bataille de Castillon en Périgord, deux jours après le combat (l. d'oïl). *B*, III, 246.

1453, décembre. — Lettre de rémission accordée par le roi Charles VII à un habitant de la Cheppe qui avait tué un bohémien (l. d'oïl). *A*, V, 531, note.

1455, 9 décembre. — Ordre donné par Philippe, duc de Bourgogne, à son bailli de Dijon, de tirer du château de Mirebeau maître Pierre d'Estaing, alchimiste, qui y avait été enfermé par le sire de Mirebeau, Jean de Bauffremont, pour faire de l'or (l. d'oïl). *B*, II, 257.

1456, 18 mars. — Jugement prononcé par les maire et échevins de Dijon contre les auteurs de l'enlèvement commis violemment dans leur ville sur la personne de Pierre d'Estain (l. d'oïl). *B*, II, 263.

1457, 25 mars. — Lettre de rémission accordée par Philippe, duc de Bourgogne, à Jean de Bauffremont, coupable de séquestration et de violences commises sur la personne de Pierre d'Estaing (l. d'oïl). *B*, II, 264.

1457. — Inscription tumulaire de Pierre Berland, archevêque de Bordeaux. *B*, IV, 67.

1457, juillet. — Lettre de rémission accordée par Charles VII à Jean de Sompère et Jean de Guinhon, qui, étant consuls de Marmande, avaient laissé le peuple de cette ville mettre à mort plusieurs femmes qu'il accusait de sorcellerie (l. d'oïl). *B*, V, 374.

1458, 31 octobre. — Lettres de nomination de Henri Baude à l'office d'élu des aides au pays de Bas-Limousin (l. d'oïl). *B*, V, 132.

1459, 23 novembre. — Relation adressée par Jean de Chambes à un de ses amis, sur l'ambassade qui lui avait été confiée par le roi Charles VII auprès de la république de Venise (l. d'oïl). *A*, III, 186.

1460-1490 (environ). — Poëmes divers de Henri Baude (l. d'oïl). *B*, V, 99-132.

1461, octobre. — Rémission accordée par

Louis XI à Richart Deymes, complice de Jean de Goulart dans un meurtre (l. d'oïl). *B*, I, 233.

1463, 20 juillet. — Sauf-conduit donné par François, duc de Bretagne, à tous les Anglais qui viendront en pèlerinage à l'église de Tréguier (l. d'oïl). *B*, III, 242.

1463 (environ). — Lettre de Louis XI à Aimar de Puisieux, au sujet des deux reines, sa mère et sa femme. *B*, IV, 425.—— Billet de Louis XI à sa femme. *Ibid.* (l. d'oïl).

1464, 26 mai. — Cédule du trésor constatant le payement d'un à-compte sur la somme de 40,000 écus d'or donnée à Pierre de Brézé par Louis XI pour le mariage de Jacques de Brézé son fils avec Charlotte de France, fille d'Agnès Sorel (l. d'oïl). *B*, V, 239.

1465 et 1466. — Deux épîtres en vers, adressées à M. de Gaucourt par le chroniqueur Jean Castel, pour obtenir sa protection auprès du roi (l. d'oïl). *A*, II, 472 et 473.

1466, 22 janvier. — Lettre du duc de Bourgogne au duc de Berri, en lui envoyant le sire de Humbercourt au sujet de la paix du royaume (l. d'oïl). *A*, III. 349, n. 1.

1466, janvier. — Abolition donnée par le roi en faveur de Michel Basin. (Extrait.) *A*, III, 344, n. 2 (l. d'oïl).

1467 (environ). — Ballade en réponse à un libelle publié contre le cardinal Balue au sujet de son élévation au cardinalat (l. d'oïl). *A*, IV, 566.

1468, octobre. — Rapport présenté par Mathurin Baudet et Aignan Viole au grand conseil du roi Louis XI sur les abus et les scandales de la cour des aides (l. d'oïl). *B*, V, 61.

1470, 2 mars.— Ordonnance par laquelle Louis XI retire à Jean Mannoury l'administration du temporel de l'évêché de Lisieux, qu'il lui avait confiée (l. d'oïl). *A*, III, 363, n. 2.

1470, avril. — Lettres de rémission accordées à Jean de Costes, clerc suivant la chancellerie du roi, pour un meurtre (l. d'oïl). *B*, IV, 258.

1470, septembre. — Lettres de rémission accordées par le roi à Jean d'Artaponne, viguier de l'évêque d'Agde, coupable d'avoir pris et exécuté divers malfaiteurs dont le jugement appartenait au sénéchal de Béziers (l. d'oïl). *B*, III, 63.

1470. — Procédure relative à une accusation de viol, portée contre Oudart Moyenson, demeurant rue Saint-Martin à Paris, et contre son voisin Jean Reynard, tonnelier (l. d'oïl). *B*, IV. 506-516.

1472, 14 juillet. — Procès-verbal de mauvais traitements exercés contre un sergent du roi, à Poitiers (l. d'oïl). *A*, I, 232.

1474, 24 juin. — Quittance de 3,700 l. t. donnée par Thomas Basin, évêque de Lisieux, à Jean Ragnier, receveur génér. des finances en Normandie (l. d'oïl). *A*, III, 367, n. 1.

1475, 26 mai. — Charte dans laquelle Guillaume, évêque de Noyon, relate les circonstances de l'invention du corps de saint Florent à Roye en Picardie. *A*, III, 491.

1476. — Autorisation accordée par le roi à la mère de Jean Castel chroniqueur du roi et abbé de Saint-Maur des Fossés, de toucher à la place de son fils défunt le dernier quartier des gages de celui-ci (l. d'oïl). *A*. II, 463.

1480, 16 mars. — Quittance donnée par Henri Baude, élu des aides, pour une année de ses gages (l. d'oïl). *B*, V, 133.

1480, juin. — Deux lettres de Philibert de Best à Jean du Bellay, évêque de Poitiers, au sujet de la translation des reliques de saint Florent à Saumur (l. d'oïl). *A*, III, 496 et 497.

1480 (fin de). — Lettre de Louis XI à l'émir de Bone pour réclamer un navire échoué sur la côte d'Afrique et appartenant à Jean de Vaulx, trésorier du Dauphiné (l. d'oïl). *A*, II, 396.

1481, octobre. — Donation, faite par Louis XI à Louis de Brézé, de toutes les terres et seigneuries confisquées à Jacques de Brézé son père (l. d'oïl). *B*, V, 230.

1482, 9 janvier. — Lettre de Jacques d'Estouteville, prévôt de Paris, au roi Louis XI, sur diverses affaires judiciaires (l. d'oïl). *B*, V, 229.

1483, 14 août. — Cession faite par Jacques de Brézé à Louis, son fils, de tout ce qu'il possédait dans la vicomté de Turenne (l. d'oïl). *B*, V, 237.

1484, 3 mai. — Plaidoirie de l'avocat Michon au nom de Jacques de Brézé, appelant de la sentence qui l'avait condamné à la perte de tous ses biens comme meurtrier de sa femme (l. d'oïl). *B*, V, 224.

1486, août. — Lettres de rémission accordées à Jacques de Brézé, au sujet du meurtre de Charlotte de France, sa femme (l. d'oïl). *B*, V, 220.

1487, 7 mai. — Interrogatoire subi par Geoffroi de Bassompierre, au château d'Angers, relativement à une tentative faite par le duc de Lorraine pour enlever Djim, frère de Bajazet II, retenu prisonnier par le roi de France (l. d'oïl). *A*, III, 288.

1488 (?). — Lettre de Pic de la Mirandole à Ermolao Barbaro sur la prééminence littéraire des anciens, traduite en français par Bonivard. *B*, V, 357.

1490 (environ). — Mystère de la passion représenté à Troyes. (Extraits) (l. d'oïl). *A*, III. 453-473.

1498 (environ). — Épigramme de Jean Robertet contre un mauvais peintre (l. d'oïl). *B*, III, 70.

1499, 23 septembre. — Inventaire des vieilles armes conservées au château d'Amboise (l. d'oïl). *B*, IV, 419.

1499, 18 nov. — Arrêt du parlement relatif aux abus de la fête des Innocents à Tournay (l. d'oïl). *A*, III, 572.

1499, 29 décembre. — Lettre de Louis XII aux conseillers municip. de Paris, en faveur de Denis Hesselin (l. d'oïl). *B*, II, 36.

1499. — Extraits des registres des délibérations de l'hôtel de ville de Paris (l. d'oïl). *B*, II, 34 et suiv.

1515. — Récit fait par Nicole Sala, maitre d'hôtel de Louis XII, d'un combat de François Ier contre un sanglier. *A*, II, 282.

1522, septembre. — Extrait de la *Chronique de Metz*, par Philippe de Vigneulles, contenant un commentaire sur une inscription romaine découverte à cette époque à Metz. *A*, V, 542.

1525, 7 mars, à 1526, 1er février. — Procès-verbal des délibérations tenues à l'hôtel de ville de Paris pendant la captivité de François Ier. *A*, V, 548-584.

1525, 25 décembre. — Extrait du *Liber domicilii*, compte des dépenses de la table et de l'écurie de Jacques V, roi d'Écosse (lat.). *B*, V, 162.

1535. — Compte de plusieurs sommes payées au peintre Bernard Dorlet pour les portraits de l'empereur, du roi Louis XII et autres personnages. *A*, V, 409.

1536-1571. — Extraits divers des ouvrages de François de Bonivard, prieur de Saint-Victor, près Genève. *B*, II, 386-404.

1552, août. — Lettres de mainlevée de la saisie des biens de Robert Estienne réfugié à Genève, rendues en faveur de ses enfants. *A*, I, 569.

1563. — *Advis et Devis des Lengues;* traité de philologie composé par François de Bonivard. *B*, V, 292 et 339.

1570, 23 février. — Requête (en vers) de la basoche de Rouen au parlement de Normandie. *A*, I, 99.

1570, 21 juillet. — Lettre du maréchal de Montluc sur le siège de Rabastens. *B*, I, 459.

1588, 13 août. — Procès-verbal de l'assemblée des trois états de la prévôté de Paris, tenue pour nommer les députés aux États généraux de Blois. *B*, II, 436.

1597, 24 février. — Lettre de Marguerite de Valois à Gabrielle d'Estrées. (Extrait.) *A*, III, 152, n. 4.

1599, 15 avril. — Ordre du roi Henri IV au prévôt de Paris, Franç. Myron, de faire faire l'inventaire des biens meubles de Gabrielle d'Estrées qui se trouveront à Paris. *A*, III, 156, n. 2.

1599. — Inventaire des biens meubles de Gabrielle d'Estrées. (Extraits.) *A*, III, 148-171.

1608, 12 juillet. — Satire sur l'entrée à Fontainebleau de don Pèdre de Tolède, ambassadeur d'Espagne à la cour de France. *B*, I, 358.

1635, 2 septembre. — Lettre d'excuses de Louis XIII à Richelieu, *B*, V, 428.

1638. — Épitre de Jacqueline Pascal, âgée de douze ans, à la reine Anne d'Autriche. *A*, V, 319.

1638-1645. — Diverses pièces de vers de Jacqueline Pascal. *A*, V, 320-338.

1639, 4 avril. — Lettre de Jacqueline Pascal à Étienne Pascal, son père, relative à Richelieu. *A*, V, 325.

1647, 1er et 5 février. — Récit de deux conférences théologiques, tenues entre le frère Saint-Ange, capucin, et Pascal accompagné de quelques-uns de ses amis. *A*, IV, 113. — Autres pièces sur la même affaire. *Ibid.*, 130-143.

1647, 4 avril. — Mandement de l'archevêque de Rouen, qui résume et termine la controverse théologique suscitée entre Pascal et le frère Saint-Ange. *A*, IV, 144.

1648, 12 mai. — Lettre du chancelier Séguier en faveur du poète Adam Billaut poursuivi pour des chansons contre un impôt sur le vin. *B*, V, 314.

1650 (28 juin) à 1679. — Cinquante-huit lettres ou billets écrits par Geneviève de Bourbon, duchesse de Longueville, à diverses personnes du couvent des Carmélites de la rue Saint-Jacques à Paris, aux religieuses de Port-

TABLE DES MATIÈRES

CONTENUES DANS LES DIX PREMIERS VOLUMES DE LA

BIBLIOTHÈQUE DE L'ÉCOLE DES CHARTES.

A

de l'École des chartes, *A*, IV, 296. — Membre de la société de l'École des chartes, *ibid.*

ALLEMAGNE (Archives d'), Voy. *Archives.* — (Histoire de l'Empire et du droit de l'), par G. Phillips, *B*, II, 81. — Apparition des Bohémiens dans l'—, *A*, V, 534.

ALLEMANDE (Langue) ou tudesque, fort rapprochée, suivant Bonivard, du gaulois (voyez *Langue gauloise*) et du grec, *B*, V, 345. — A fourni à Fuchssperger la matière de travaux supérieurs à ceux de Ramus sur le français, *ibid.* — Liste de noms germaniques avec leur signification, *B*, V, 348 et suiv. — Influence de l'allemand remarquée dans les chartes en France, *B*, III, 414, n. 2. — Chant des guerriers francks en allemand, *B*, V, 298.

ALMANACHS au moyen âge, *A*, II, 272.

ALMÉNÊCHE, abbaye située près d'Alençon. Mathilde III (1249) doit être ajoutée à la liste de ses abbesses, *A*, I, 550.

ALPES-MARITIMES (Province des), *B*, V, 393 et suiv.

ALPHONSE VIII, roi de Castille, *A*, I, 370.

ALPHONSE, comte de Poitiers, frère de saint Louis. Lettre en français écrite à ce prince pendant son voyage en Palestine, *A*, I, 389.

ALSENSIS (Pagus), l'Auxois, *A*, IV, 550 et suiv.

ALTO-LOGO, ville d'Asie Mineure au moyen âge, *B*, I, 486.

AMALFI (*Tavole e consuetudini* d'), publ. par le prince d'Ardore, *B*, I, 568.

AMARI (Michel). *La guerra del Vespro siciliano*, *A*, IV, 577.

AMATI (Les), famille de luthiers célèbres, *A*, IV, 438.

AMBOISE (Conspiration d'), racontée par Bonivard, *B*, II, 396. — Voy. *Armes.*

AMELGARD (Dissertation sur), *A*, III, 313 et suiv.

AMENDE. Enquêtes pour savoir si des clercs condamnés à payer amende au roi ont des biens temporels en France, 1390, *B*, IV, 142, 143. — de 100.000 écus prononcée contre Jacques de Brézé, *B*, V, 227. — Tarif d'amendes au XIIe siècle. Voyez *Méru.*

AMIENS (Histoire d'). Ms. de Jean-Joseph de Court, cité, *A*, II, 33. — Histoire manuscrite des évêques d'Amiens, par du Cange, citée, *A*, II, 34. — Le roman d'Ablabane, curieux pour l'histoire d'Amiens, *A*, II, 38. — Ancien système financier de cette ville, *A*, IV, 150. — Histoire d'Amiens et de ses comtes, par du Cange. *A*, II, 292. — Ingeburge de Danemark est couronnée reine de France dans la cathédrale de cette ville, en 1193, *B*, I, 8. — Don fait par Ingeburge à cette église, en 1200, *ibid.*, 100. — Mémoire sur les sources manuscr. de l'hist. munic. d'Amiens, par M. Delpit, couronné par l'Institut, *A*, II, 587.

AMMEISTER, *schöffenmeister*, chef suprême des métiers et de la cité de Strasbourg, *A*, I, 454 et suiv. — Sa nomination, 456.

AMOUR (La Puissance d'), par Richard de Fournival, *A*, II, 42. — (Conseils d'), par le même, 47. — (Bestiaire d'), par le même, 51. — (Prince d'), III, 569.

AMOURS de Drosilla et Charicles, roman grec de Nicétas Eugénianus, fragment restitué, *A*, II, 419-424. — de Rhodanthe et Dosiclès, roman grec de Th. Prodrome, *A*, II, 413-419.

AMPELIUS (Lucius), auteur du *Liber memorialis*, *A*, V, 201.

AMPÈRE (M. J. J.). Son Histoire de la formation de la langue française discutée et critiquée, *A*, II, 478, et III, 63. — Remporte le prix Gobert à l'Acad. des inscript. et belles-lettres, *A*, I, 581; *A*, II, 92, 586. — Voy. *Académie.*

AMPHITRYONÉIDE, poème latin du moyen âge, par Vital de Blois, *B*, IV, 486 et suiv.; V, 425.

AMPLISSIMA COLLECTIO. Erreur de date dans ce recueil, *B*, IV, 330, n. 1.

AMYOT, évêque d'Auxerre, *B*, V, 429.

ANALAC (Pierre d'), abbé de Saint-Martial de Limoges, en 1216, *A*, IV, 351.

ANALYSE dans les langues, *A*, II, 481.

ANATILORUM, nom prétendu de Provins, *B*, II, 467.

ANCY-LE-FRANC (Château d'), *B*, I, 554.

ANDANCE (Village d'), *B*, V, 407.

ANDRIEU de Douai, trouvère, *A*, V, 290.

ANDUSE (D'), nom d'une famille du Languedoc. Voy. **Bermond.**

ANE (Fêtes de l'), *A*, III, 568, 569. — à Douai, *A*, III, 569.

ANECDOTA LITTERARIA, par Thomas Wright, *B*, I, 294.

ANGELIS (*Tractatus de*), *B*, III, 106.

ANGERS, pris par les Normands en 873, *A*, I, 345. — Assiégé et repris en 876 par Charles le Chauve, *A*, I, 349 et suiv. — *Formulæ Andegavenses*, *B*, I, 291. — (Djim, prisonnier au chât. d'), *A*, III, 228. — (Conspiration formée à) contre le gouvernement de Charles VII, *B*, I, 205. — Recherches historiques sur la ville d'), par J. A. Bodin, *B*, III, 522. — Voy. *Marchegay*.

ANGEVINS (Deniers); leur usage en Normandie, *B*, V, 183 et suiv. — Leur valeur, *B*, V, 194.

ANGLADE (Navarrol d'), *B*, V, 226.

ANGLAIS (Les) en Normandie (1346-1360), *A*, V, 233-237. — Débarquent à la Hogue-Saint-Waast sous la conduite du duc de Lancastre, et dévastent la Normandie (1412), *B*, I, 278. — S. Boniface se plaint de l'inconduite des Anglaises, *B*, II, 14. — N'estiment chose bonne si elle n'est provenue de leur pays, *B*, V, 305. — Procession perpétuelle instituée pour leur expulsion de France, *A*, II, 167. — (Le spleen et le suicide chez les). *A*, IV, 469. — (Manuel des historiens) jusqu'en 1600, *B*, I, 384. — (Des surnoms), par A. Lower, *ibid.*, 474. — Satire contre les Anglais, *B*, I, 384. — Voy. *Reliquiæ, Winchester*.

ANGLES (Abbaye d') ou Sainte-Marie-des-Anges en bas Poitou, *A*, I, 552 et suiv.

ANGLETERRE (Histoire d'), par J. Lingard, traduite par Th. Lavallée, *B*, I, 379. — Documents français qui s'y trouvent, *B*, IV, 79. — De l'apparition des Bohémiens dans ce pays, *A*, V, 534, 539. — Histoire des ducs de Normandie et des rois d'Angleterre, A, II, 193. — *Letters of ladies of Great Britain*, par mad. Green, *B*, III, 164.

ANGLO-SAXONNE (Histoire et antiquités de l'Eglise), par Lingard, *B*, I, 385.

ANGOULÊME (Château d'), *B*, III, 202. — (Cathédrale d'); histoire et description; explication des sculptures du portail, *B*, III, 195; *B*, IV, 49.

ANIANE (Abbaye d'), *A*, II, 177 et suiv.

ANIORT (Giraud d') *B*, II, 369 et suiv.

ANJOU (Recueil des archives d'). par M. Paul Marchegay, obtient une médaille à l'Acad. des Inscr. et B.-L., *A*, V, 609. — (Charles d'). frere de saint Louis; son caractère, quelques traits de sa vie, *A*, IV, 102, 579, 580. — (Charles II d'). *A*, IV, 580. — (René d'), *B*, III, 448. — (Le comte d') gouverne à Paris en l'absence du régent Charles. duc de Normandie, son frère, *A*, II, 352.

ANNE D'AUTRICHE (Épitre adressée à la reine), *A*, V, 310. — Sonnet et épigramme à la même, *A*, I, 295; *A*, V, 320, 334.

ANNE DE LUSIGNAN. Voy. *Lusignan*.

ANNÉE précoce en 1330, *A*, II, 164.

ANNONCER (S'), se placer. S'établir. *B*, V, 297.

AMSBERT, évêque d'Autun, *A*, IV, 550.

ANSEGISUS, évêque de Genève, au Xe siècle. Découverte de sa sépulture par Bonivard, *B*, V, 305.

ANSELME (Le père). Critique de sa généal. des vicomtes de Melun, *B*, I, 239 et suiv.

ANTHON (Récit de la bataille d'). *B*, I, 130 et suiv.

ANTIOCHE (Siége d') par les croisés, *A*, II, 450.

ANTIQUAIRES DE FRANCE (Société des). Prix proposé, *A*, II, 204. — Renouvellement du bureau, *A*, IV, 297. — Comptes-rendus de ses Mémoires, *B*, I, 467; III, 259; V, 386.

— DE LA MORINIE (Société des). Ses fouilles à Étaples, *A*, IV, 91. — Prix proposés par elle, *A*, III, 311; *A*, IV, 399. Ses fouilles dans l'église Saint-Bertin, *B*, I, 91; *B*, II, 382; *B*, IV, 438.

— DE LONDRES (Société des). T. XXX de ses Mémoires, *B*, I, 294.

— DE NORMANDIE (Société des). Prix proposés par elle, *A*, I, 320; *A*, IV, 91. — Compte-rendu de ses Mémoires, *A*, II, 295.

— DE PICARDIE (Société des). Prix proposé par elle, *A*, IV, 90. — Ses Mémoires. *B*, I, 470; III, 360; V, 318.

ANTIQUITÉS (Annuaire d') et d'architecture, *B*, I, 474.

ANTOINE DE MESSINE, peintre, *B*, I, 530.

ANTONIN (Saint). Son itinéraire en Palestine, *B*, II, 4. — Voy. *Archéologiques*.

ANTRUSTIO. Origine de ce mot, *A*, I, 213.

AOI. De l'origine et du sens de cette notation, qui se trouve dans la chanson de Roland, *B*, II, 295.

APAMÉE, Ἀπάμεια, en Syrie, *B*, IV, 309, 310, 312.

APENNES. Formules d'actes ayant pour but de réparer la perte des titres de propriété, *A*, I, 221 et suiv.; *A*, I, 416.

APOCOPE (De l') dans l'ancien français, *B*, II, 296.

APOLLON, très-honoré dans les Alpes, *B*, V, 399.

APÔTRES (Vers d'un poëte chrétien sur la mission des), *A*, II, 147.

APPARITION (L') de Jehan de Meung, ou le Conge du Prieur de Salon, par Honoré Bouche, *B*, I, 566.

APPENDIX *ad Marculfum*, recueil anonyme de formules. — Ms. unique qui le contient, *A*, IV, 3.

APRES (Guillaume d'). Voy. *Aigle*.

APT, en Provence (Du nom d'). *B*, V, 40...

AQUEDUC ANTIQUE (Restes d'un) découverts à Paris, *A*, III, 598.

AQUILÉE (Concile d'), *A*, II, 306.

AQUILIANA (*Stipulatio*). Ses rapports avec la *Stipulatio Arcadiana* et *Nerviana*, *A*, II, 431 et suiv. — Est l'origine de la formule *cum stipulatione subnexa, ib.*

AQUIN (Saint Thomas d'). Son opinion sur le suicide, *A.* IV, 257.

AQUIS VASON. Légende d'un denier attribué au Groseau, près de Vaison, *B*, IV, 331, 332.

AQUITAINE (Guillaume VII, duc d'), *A*, I, 553 et suiv. — (Guillaume IX, duc d'), *A*, I, 555, note; II, 148, 149. — Guillaume X, *B*, IV, 58.

ARABES (Les) ont employé la poudre avant les Européens, *B*, I, 32. — En rapports commerciaux avec la France, *A*, II, 389. — Avec l'Italie, *B*, IV, 244 et suiv.; V, 134 et suiv. — Leurs guerres avec les Chypriotes et les Arméniens, *B*, I, 327, 488 et suiv., 501 et suiv. — Histoire de leur domination en Espagne, par don J. A. Conde, *B*, I, 386. — Compagnies d'hommes d'armes chrétiens au milieu d'eux, *B*, III, 518. — *Rerum ab Arabibus in Italia gestar. Commentarii*, par J. G. Wenrich, *B*, I, 570. — Voy. *Ibn-Khaldoun*.

ARAGONAIS; leur puissance maritime, *B*, I, 314.

ARAR, rivière, *B*, I. 173.

ARBOGAST, évêq. de Strasbourg, *A*, I, 432.

ARBOIS DE JUBAINVILLE (M. Henri d'), élève boursier de l'École des chartes, *B*, IV, 187; *B*. V, 91 et 424.

ARBRISSEL (Robert d'), *B*, III. 523.

ARC (Jeanne d'). Voyez *Jeanne d'Arc*.

ARC en Barrois, *B*, II, 260.

ARCHA, arcade de maison, ou mesure de superficie, *B*, III, 41.

ARCHAÏDUS, caïd, *B*, V, 152.

ARCHAS, nom de Mercure, dans Vital de Blois, *B*, IV, 486 et suiv.

ARCHÉOLOGIE (Traduction du Manuel d') de M. O. Muller, par P. Nicard, *A*, III, 312. — des monum. religieux, par H. Otte. *B*, I, 292. — navale, par M. Jal, III, 354; IV, 245. — (Société anglaise d'), *B*, II, 184.

ARCHÉOLOGIQUE (Revue), *B*, I, 564. — (Notes d'un voyage) dans le sud-ouest de la France, *B*, III, 177; IV, 46. — (Formation d'une commission) à Châlons-sur-Marne, *A*, III, 416. — Congrès archéol. à Winchester, *B*, II, 90.

ARCHÉOLOGIQUES (Découvertes). Voyez *Adèle, Aqueduc, Armes, Baugency,* *Bielle, Brotonne, Carnoet, Entrechaux, Fresques, Gourdon, Inscriptions, Louvre, Lubeck, Malaucène, Monnaies, Orfévrerie, Saint-Bertin, Saint-Julien, Vaison, Vienne, Voie romaine.*

ARCHITECTURE (Manuel général de l'histoire de l') chez tous les peuples, etc., par M. D. Ramée, *A*, IV, 583. — du moyen âge d'après les miniatures des manuscrits, *B*, II, 184. — Études sur l'archit. gothiq. en France, par M. Alb. Lenoir, *B*, III, 511.

ARCHIVES. Exagération de l'importance attribuée aux archives de Philippe-Auguste tombées aux mains des Anglais en 1194, *A*, III, 424, note 4. — de la France. Ont-elles été enlevées pendant les guerres des Anglais? *A*, IV, 79. — d'Anjou, *A*, V, 294-298.

ARCHIVES NATIONALES. Ordonnance royale qui les réorganise, *B*, II, 287. — On y réunit les archives de la secrétairerie d'État, *B*, V, 170. — (Porte de Clisson, aux), *B*, IV, 279.

ARCHIVES DÉPARTEMENTALES. De leur organisation, *A*, II, 499. — Circulaires du ministre de l'intérieur relatives à leur classement, *A*, I, 216; *A*, II, 499, 501-505; *A*, IV, 395. — (Commission des), créée le 6 mai 1841 par le ministre de l'intérieur, *A*, II, 503. — Anciens élèves de l'École des chartes nommés membres de cette commission, *B*, II, 449. (Catalogue général des cartulaires des), *B*, III, 521. — Tableau général des archives départementales et communales de France, publié par la commission des Archives, *B*, V, 253. — Archives du département de l'Aube, *A*, III. 111, 202, 596. — du départ. de Loir-et-Cher, *B*, I, 40, 516; V, 333, 338. — du département de Maine-et-Loire (Rapport sur les), par M. Marchegay, *A*, III, 412. — du départ. d'Indre-et-Loire, *A*, IV, 398. — du départ. du Nord; note sur leur classement, *B*, II, 87, 90. — du départ. de l'Orne, *A*, I, 539. — de la Vendée, *A*, I, 552 et suiv. — de Niort, *B*, III, 513. Voy. *Alençon, Bade, Château, Chinon, Laval, Loches, Marseille, Metz, Nevers, Poitiers, St-Omer.*

ARCHIVES d'Allemagne, *B*, IV, 356. — de Malte, *B*, II, 567; III, 206. — Voy. *Turin, Venise.*

ARCHIVIO STORICO ITALIANO, publié à Florence. Comptes rendus d'ouvrages compris dans ce recueil, *B*, I, 476; II, 87; IV, 436.

ARCHIVISTES-PALÉOGRAPHES. Leur création,

A, I, 31 et 33. — Appelés par le gouvernement à divers emplois, *ibid.* et *B*, II, 287 et 288; III, 173. — Ils peuvent concourir aux places d'auditeurs au conseil d'État, *B*, V, 389, 424. Voyez *Académie, École des chartes, etc.*

ARCUEIL (Seigneurie d'), près Paris, *A*, III, 58-62.

ARCULFE (Saint), auteur d'une description des lieux saints, *B*, II, 7.

ARDENNE (Sainte-Marie d'), abbaye, *A*, I, 550.

ARDENTS (Mal des), au XII° siècle, *B*, IV, 350.

ARENA (Antoine de), auteur d'un poëme sur la danse, *A*, V, 264; —d'une description de la Provence, *B*, V, 403.

ARGENTORAT. Voy. *Strasbourg.*

ARIADNE, impératrice d'Orient, *A*, IV, 494.

ARITHMÉTIQUE (Histoire de l'), par M. Chasles, *A*, IV, 382.

ARLEQUIN. De l'étymologie de son nom, *B*, II, 301.

ARLES (Restauration des Arènes d'), *B*, I, 483.

ARMAGNAC (Bernard d'). Son portrait, par Chastellain, *A*, IV, 72, *B*, V, 329 et suiv. — (Du dernier comte d'), *B*, III, 61.

ARMAGNACS (Épisodes de la guerre des) avec les Bourguignons, *B*, IV, 441 et suiv.

ARMÉNIE (Histoire d'), par Moïse de Khorène, traduite de l'arménien, par P. E. Levaillant de Florival, *A*, III, 585. — (Le royaume de la petite) passe aux princes de Lusignan, *A*, V, 425. — Son commerce au moyen âge, *B*, I, 308 et suiv. — Ravagée par les Tartares et les Égyptiens, *B*, I, 318, 327, 490, 519.

ARMES (Inventaire des vieilles) conservées au château d'Amboise du temps de Louis XII, *B*, IV, 412.

ARMES A FEU, *B*, IV, 261 et suiv.

ARMES ET BIJOUX découverts à Pouans, près Arcis-sur-Aube, *A*, III, 598.

ARMES PARLANTES, *B*, II, 307.

ARMOIRIES (Des), *B*, V, 246. Voy. *Blason.*

ARMORIAL national de France. Recueil des armes des villes et provinces du territoire français, par H. Traversier et L. Vaïsse, *B*, II, 181. — des maires de la ville de Tours, *B*, IV, 183. — Voy. *Bretagne.*

ARNAULD (La mère Angélique). Lettres à elle adressées par la duchesse de Longueville, *A*, IV, 421 et suiv.

ARNOUL, archevêque de Tours, *B*, I, 441 et suiv.

ARQUERII (*Raymundus*), artilleur du roi. Voy. *Larchier.*

ARRAS. Persécutions qu'on y fit subir aux Vaudois au XV° siècle, *B*, III, 81, 94. — (Catalog. des Mss. de la Bibliot. d'), par M. Quicherat, *A*, III, 111. — (Cathédrale d'), *B*, III, 33. — (Les siéges d'), par M. Achmet d'Héricourt, *B*, I, 468. Voyez *Blason.*

ARRIVOUR, couvent près de Troyes, *B*, IV, 522.

ASCOT (Guill. d'), *B*, V, 421.

ART DE VÉRIFIER LES DATES. Erreur rectifiée. Voy. *Adelchis.*

ARTAPONNE (Jean d'), viguier d'Agde. Abus de pouvoir commis par lui, et abolition en sa faveur, *B*, III, 63.

ARTICLE (De l') dans l'ancien français, *A*, I, 473.

ARTILLERIE (Études sur le passé et l'avenir de l'), par N. L. Bonaparte, *B*, IV, 261. — (Emploi de la grosse) en France, en 1359, *B*, I, 49 et 53. Voy. *Poudre* et *feu Grégeois.*

ARTOIS (Cités de Picardie et d'), aux XIV°, XV° et XVI° siècles; *B*, V, 78.

ARTS (Description des objets d') de la collection Debruge-Dumenil, par Jules Labarte, *B*, IV, 355. — (Études sur les lettres, les), et l'industrie pendant le XV° siècle, et plus particulièrement dans les Pays-Bas, par M. Léon de Laborde, *B*, V, 321. — Beaux-arts à Genève, *B*, V, 417.

ARTUR (Le roi), *A*, I, 363.

— duc de Bretagne, *A*, I, 369.

ASERAULE (Abbaye d'), *A*, IV, 550, 551.

ASIE MINEURE (Des relations politiques et commerciales de l') avec l'île de Chypre, au moyen âge, *B*, I, 301, 485; II, 121 et suiv.

ASPIC (Symbolisme de l'), *B*, IV, 237.

ASPRES, comnénats ou blancs d'argent de Trébisonde, *B*, V, 70.

ASSAVOIR. Discussion sur ce mot, *B*, II, 301.

ASSELIN, abbé de Saint-Maur des Fossés, *B*, I, 240 et 242.

ASSEMBLÉES du clergé. Voy. *Libertés de l'Église gallicane.* — provinciales (Essai sur les), par M. de Girardot, *B*, II, 179. — protestantes de Grenoble, *B*, II, 553; de la Rochelle, *B*, II, 555 et suiv.; de Loudun, *B*, II, 554; d'Orthez, *B*, II, 554; de Villefranche, *B*, II, 553.

ASSISE tenue à Falaise, vers 1200, sur un procès entre Jean de Louviers, chevalier, et Raynaud, abbé de Saint-Évroul. *A*, I, 545. — Rapprochement entre

B

(Charles V); est assassiné, *A*, II, 358.

BAILLIES de Normandie au XIIe siècle, *B*, V, 259 et suiv.

BAILLIS, *B*, III, 103. — Leurs fonctions et titres sous les Plantagenets, *B*, V, 264 et 265.

BAINAC (Adhémar de), seigneur périgourdin. Ses biens donnés au routier Mercadier en 1190, *A*, III, 423 et suiv.

BAINS (Le sire de), bailli de Vermandois ; écrit au corps municipal de Noyon, *B*, II, 54, 64.

BALDRIC (L'archevêque), *A*, IV, 303.

BALEARE *fretum*, *B*, I, 172.

BALLEROY (Hist. de), par l'abbé Barrette, *B*, II, 179.

BALLES ou boulets de plomb (Emploi des), en 1345, *B*, I, 43 et 51.

BALLISTE *à lieva*, espèce d'arme, *B*, IV, 251.

BALTAZARINI, dit Beaujoyeux, maître des ballets de la cour, *A*, IV, 538 ; V, 264.

BALUE (Jean), cardinal. Son portrait à propos d'une ballade du temps, *A*, IV, 564, 565.

BALUE (Nicole), frère du cardinal, conseiller au parlement de Paris, *A*, IV, 564.

BALUZE. Mss. dont il s'est servi pour ses divers recueils de formules, *A*, IV, 6 et suiv. — Les Bénédictins l'accusent d'être jaloux de leurs travaux ; *B*, III, 258, note, — Présumé auteur d'une requête rédigée pour protéger les bouquinistes de Paris contre les libraires, *B*, V, 369.

BAMBERG (Caisses de flèches trouvées à l'hôtel de ville de), *A*, IV, 504.

BAN du vin, *B*, III, 33.

BANDE tricolore ; indique dans les miniatures le règne de Charles V, *A*, II, 70 et suiv.

BANDE (La grande). Voy. *Violons* (les vingt-quatre).

BANDINI, *B*, IV, 479.

BANNASSAC (Monnaies de), *A*, III, 502, 503.

BANNIÈRES (Registre des), *A*, V, 258.

BANNISSEMENT (Documents des XIIIe et XIVe siècles relatifs à la peine du), *B*, III, 419 et suiv.

BANNITIO. Voyez *Ajournement*.

BANS (Jean), auteur d'un pamphlet contre D. Pèdre de Tolède, *B*, I, 357 et suiv.

BARBACANE de Carcassonne, *B*, II, 366-372.

BARBARESQUES. Alliance de leur chef avec François 1er, *B*, V, 74.

BARBARISER, parler d'une manière fautive, *B*, V, 302, 304, 353.

BARBARO (Hermolao), littérateur vénitien du XVe siècle, *B*, V, 556.

BARBASAN (Armand Guilhem, seigneur de), chambellan de Charles VI, un des sept combattants de Montendre, *A*, I, 377.

BARBEROUSSE (Frédéric), *A*, V, 166, 167.

BARBET (M. Charles), *B*, IV, 188.

BARBEU-DUROCHER (A.), élève pensionn. de l'École des chartes, *A*, II, 309. — membre de la soc. de l'Éc. des chartes, *ibid.* — Notes envoyées par lui, de Strasbourg et de Metz, sur quelques manuscrits ou diplômes conservés dans ces villes, *A*, II, 594. — Sa notice sur une harangue latine inédite de Pétrarque, *B*, II, 574.

BARBIÉ DU BOCAGE (A. F.), élève de l'ancienne école des chartes, *A*, I, 45.

BARBOUIRES, farces, sottises, *B*, V, 358, 440.

BARDAZE, sodomite, *B*, V, 359.

BARCELONE, visitée par les Bohémiens en 1447, *A*, V, 529.

BARGIOCCHI, *B*, IV, 480, note.

BARGUIGNER, sources où l'on peut étudier l'histoire de ce mot, *B*, II, 304.

BARRAL DES BAUX, *A*, I, 400.

BARROIS (M. J.), éditeur du poëme d'Ogier de Danemarche, *A*, IV, 389. — Vente de sa collection de mss., *B*, V, 391.

BARTHÉLEMI, archevêque de Tours, *B*, I, 441 et suiv.

BARTHÉLEMY (Anat.), élève pensionn. de l'École des chartes, *A*, IV, 296. — Membre de la soc. de l'Éc. des chartes, *ibid.* — Conseiller de préfecture, *B*, II, 187. A publié dans la Bibl. de l'Éc. des ch.: Les deux Fabas, *B*, II, 545. — Priviléges de l'église et de la ville de Tréguier, *B*, III, 233.

BARZAS-BREIZ, chants populaires de la Bretagne, publiés par M. T. Hersart de la Villemarqué, *B*, II, 279.

BASILIC (Symbolisme du), *B*, IV, 237.

BASIN (Thomas), évêque de Lisieux ; sa grande histoire répandue sous le nom d'Amelgard, *A*, III, 316, 367, 370. — Sa vie, *ibid.*, 318 et suiv. — Son traité sur la réforme de la procédure en Normandie, *ibid.*, 334. — Son Apologie et ses autres opuscules, *ibid.*, 340, 369, 374. — Publication de son Histoire, *B*, I, 481.

— (Michel), rémission à lui accordée, *A*, III, 344.

BASOCHES (Nicolas de), chevalier de la maison de Philippe-Auguste, *B*, I, 93, 96 et suiv.

BASQUES (Proverbes), *B*, I, 298.

BASSOMPIERRE (Geffroy de), emprisonné à Angers, *A*, III, 288.

BASTARD (Léon DE), élève boursier de l'École des chartes, *B*, III, 359, 533.— Archiviste-paléographe. *B*, V, 255, 327. — Sa thèse sur Vézelay, *B*, V, 244. — Membre de la Soc. de l'Éc. des ch., 322. — Sa mission à Rome, 427.
A publié dans la Bibl. de l'Éc. des ch. un article bibliogr., *B*, V, 380.

BATAILLARD (Paul), élève pensionn. de l'École des chartes, membre de la Soc. de l'Éc. des ch., *A*, I, 49.— Archiviste-paléographe, *A*, II, 589.
A publié dans la Bibl. de l'Éc. des chartes : De l'apparition et de la dispersion des Bohémiens en Europe, *A*, V, 438, 521 ; *B*, V, 425. — Bull. bibliog., *B*, II, 277.

BATAILLE (Guillaume), chevalier français, l'un des sept combattants de Montendre, *A*, I, 377 et suiv.

BATH (L'évêque de). Voy. *Harewell*.

BAUDE (Henri), poëte du XVe siècle, *B*, V, 93 et suiv. — Nommé élu du Limousin, *ibid.*, 132.
— (Jean). Titre le concernant, *ibid.*, 133.

BAUDET (Mathurin), procureur des aides, 1468, *B*, V, 61.

BAUDI DI VESME (M.) : son mémoire sur les impositions dans la Gaule, *A*, I, 336.

BAUDOUIN, frère de Godefroi de Bouillon, se sépare de l'armée des croisés à Archélais, *A*, IV, 507.—Ses querelles avec Tancrède, *A*, IV, 508-520. — Rejoint Godefroi de Bouillon à Maresie, *ibid.*, 520. — Part de là pour la conquête d'Édesse. *A*, IV, 521.

BAUDOUIN DE FLANDRE (Auteur anonyme du poëme de), *A*, V, 290.

BAUDOUIN DU BOURG. Baudouin de Flandre lui laisse le commandement de la ville d'Artésie, *A*, IV, 522.

BAUFFREMONT (Jean de), sire de Mirebeau et de Bourbonne, *B*, II, 254 et suiv.
— (Henri de), baron de Scey-sur-Saône, *ibid.*, 255.
— (Pierre de), comte de Charny, *ibid.*, 256.
— (Pierre de), sire de Ruppes, *ibid.*, 260.
— Rectification à la généalogie de cette maison, *ibid.*, 269.

BAUGENCY. Orthographe du nom de cette ville, *B*, II, 305. — Découvertes archéologiques faites à Baugency, *B*, I, 192.— (Corbeaux de l'hôtel-Dieu de), *B*, IV, 251. — (Siége de), *B*, II, 156 ; III, 507.

BAUME (Pierre de la), évêque de Genève, *A*, V, 96.

BAUX (M. J.). Voy. *Brou, Mâcon*.

BAVIÈRE, visitée par les Bohémiens en 1418.

1433 et 1438, *A*, V, 469, 524, 528. — Voy. *Isabelle de Bavière*.

BAYEUX (Recherches sur la tapisserie de), *A*, II, 91.

BAZAS (Siége de). *B*, II, 547.

BAZOCHE du parlement de Rouen (Requête en vers des suppôts de la), au parlement, *A*, I, 99, 100, 101. — Arrêt du parlement en leur faveur, *ibid.*, 102.

BEAUFORT (Le comte de), vicomte de Turenne, pactise avec Rodrigue de Villaudrando, *B*, I, 157.

BEAUFORT, château. Voy. *Malemort*.

BEAULIEU (Blanche de), *A*, III, 57, note 3.

BEAUJOLAIS, occupé par les routiers, *B*, I, 149, 163.

BEAUJOYEUX. Voy. *Baltazarini*.

BEAULIEU (Geoffroi de), chroniqueur, *A*, V, 105 et suiv. — Examen de son livre de la Vie de saint Louis, *A*, V, 205 et suiv.

BEAUMANOIR (Philippe de), auteur des Coustumes du Beauvoisis (1283); édit. de cet ouvrage par M. Beugnot, *A*, III, 578. — Parallèle de Beaumanoir avec Boutillier, *B*, III, 123 et suiv.

BEAUMONT (Jean de); son expédition en Carcassais, *B*, II, 376.

BEAUMONT (Amblard de), secrétaire intime d'Humbert II, dauphin de Viennois, *A*, I, 269, 270, 273.

BEAUMONT, village dans Vaucluse; ses inscriptions, ses antiquités, ses carrières, *B*, IV, 324-328.

BEAUMONT-LEZ-TOURS (Abbaye de), *B*, I, 438.

BEAUMONT-SUR-OISE (Matthieu III, comte de), *B*, I, 59 et suiv. — Jean, *ibid.*, 61.

BEAUNOIS (le), *A*, IV, 553.

BEAUREPAIRE (Charles Robillard de), élève boursier de l'École des chartes, *B*, IV, 187; V, 91. — (M. Eugène Robillard de), *B*, IV, 187; V, 92.

BEAUVAIS (Baudouin de), l'un des premiers croisés, *A*, II, 446.

BEAUVAIS (Vincent de), *B*, I, 389.

BEAUVAIS (Évêché et comté de). Son histoire pendant l'administration de l'évêque Philippe de Dreux (1175-1217), *A*, V, 9-35.

BEAUVAIS (Abbaye de Saint-Lucien de), reçoit une donation d'Hugues de Crèvecœur, *B*, III, 240. — Reçoit une donation de Pierre, vidame de Gerberoy, *B*, III, 351.

BEAUVAIS (Prix proposés par l'Athénée de). *B*, IV, 192.

BECHADA (Grégoire), auteur d'un poëme sur la première croisade. *A*, II, 340.

BISRES, serfs chargés du soin des abeilles, *A*, I, 548.

BIJOUX du cabinet de Gabrielle d'Estrées, *A.* III, 169, 170.

BILLAUT (Le poële Adam), poursuivi pour des chansons, *B*, V, 313.

BIOGRAPHIE UNIVERSELLE, publiée sous la direction de M. Weiss, *A*, IV, 492. — Portative universelle, par MM. L. Lalanne, etc., *B*, I, 86. — Voy. *Curiosités.*

BIRRIA, serviteur d'Alcmène, dans l'*Amphitryonéide* de Vital de Blois, *B*, IV, 486 et suiv.

BITURI, *B*, I, 172.

BLACAS, troubadour; *Sirvente* sur sa mort, par Sordello, *A*, IV, 109.

BLAISE (Saint). Mystère de sa passion, joué au XVIe siècle, *B*, V, 340.

BLANCHE DE CASTILLE, mère de saint Louis et d'Alphonse, comte de Poitiers, *A*, I, 401.

BLANCHEFLOR (Flore et). Voy. *Flore.*

BLASON (Science du), déjà formée dans le roman d'Alexandre, *B*, III, 353. — Thèse sur les armoiries des anciens, par M. Huron. — Blasons des députés d'Arras, en 1435, *B*, III, 118.

BLÉ (Prix du), à Tournay, au XIVe siècle, *B*, III, 109.

BLÉGIER (M. de), auteur anonyme d'une notice sur des inscriptions antiques de Vaison, *B*, IV, 306-313.

BLOIS (Inscriptions de), *B*, III, 32. — États généraux tenus dans cette ville en 1588, *B*, II, 422 et suiv. — Restauration de son château, *B*, I, 484. — Ses archives, *B*, I, 40; V, 333, 338. — Voy. *Amphitryonéide.*

BLOIS (Pays de), *Hortus regius Blesensis*, par Abel Brunyer, *A*, II, 308.

BOCX (Louis), élève pensionn. de l'Éc. des ch., archiviste-paléogr., membre de la Soc. de l'Éc. des ch., *A*, I, 48.

BOCCACE; la traduction italienne de l'*Amphitryonéide* de Vital de Blois lui a été attribuée, *B*, IV, 478 et suiv.

BOCCANEGRA, amiral de Castille, *A*, II, 296.

BOCONTII. Voy. *Vocontii.*

BODIN (Jean), *A*, IV, 55.

BODIN (J. A.). Voy. *Saumur.*

BODIONTII, BODIONTICI. Voy. *Brodontii.*

BOÈCE, disciple du magicien Flocars, *A*, II, 37. — Son système de numération, *A*, IV, 382, 385.

BOÉTIE (Ét. de la). Fac-simile de son écriture, *B*, III, 527.

BOGUEN (Loys van), architecte de l'église de Brou, *B*, I, 84; IV, 84.

BOHÈME (Hist. de), par F. Palacky, *B*, I, 383. — Les *Bohémiens*, suivant toute apparence, se répandent dans ce pays en 1438, *A*, V, 528.

BOHÉMIENS. De l'apparition et de la dispersion de cette race vagabonde en Europe, *A*, V, 438-475, 521-539. — Rectifications à ce travail, *B*, V, 426 et 439.

BOHÉMOND, prince d'Antioche, *A*, II, 159; *A*, IV, 301-313.

BOILEAU (Discours de M. Daunou sur), *A.* III, 216. — Ses œuvres publiées par M. Daunou, 234 et suiv.

BOIS: comment se prononçait ce mot dans l'ancien français, *B*, II, 305.

BOIS (Pierre du), avocat du roi au bailliage de Coutances, présumé l'auteur d'un mémoire adressé à Philippe le Bel, *B*, III, 309.

BOISARD, dit Verdelet (Jean), roi des ménétriers, vers 1420, *A*, IV, 546.

BOISSERAND DE CHASSEY (D.C.), élève boursier de l'École des chartes, *B*, III, 268-532; *B*, IV, 188. — Sa thèse sur les marguilliers laïques des églises de Paris, *B*, V, 243. — Archiviste-paléographe, *B*, V, 255-322.

BOISSIEUX (M. de). Ses *Inscriptions lyonnaises*, *B*, V, 78.

BOITRON (Église de). Son patronage cédé à l'abbaye d'Alméneche en 1249, *A*, I, 550.

BOLLANDISTES (Travaux des), *A*, II, 571. — Continuation des *Acta sanctorum*, *B*, III, 347.

BOLOGNE, visitée par les Bohémiens en 1422, *A*, V, 472.

BONAINI (M.). Voy. *Pise.*

BONAL (Antoine), auteur d'une histoire manuscrite des évêques de Rodez, *A*, II, 556 et suiv.

BONAPARTE (Nap.-Louis). Voy. *Artillerie*, *B*, IV, 261.

BONE, en Algérie; Documents sur son histoire, *A*, II, 388; *B*, V, 136 et suiv., 152.

BONIFACE VIII. Son mot sur l'affaire de la canonisation de saint Louis, *A*, V, 225.

BONIVARD (François de), prieur de Saint-Victor-lez-Genève. — Sa vie et ses ouvrages, *B*, II, 385-405. — Texte de son *Advis et devis des lengues*, *B*, V, 290 et 339. — Découvre, dans son couvent de Saint-Victor, le corps d'Ansegisus, évêque de Genève au Xe siècle, *B*, V, 305. — Joue un rôle dans la représentation d'un mystère, *ibid.*, 340.

BONNEMOSE (M. É. de). Voy. *Hus (Jean).*

BONNE-COMBE (Abbaye de). *B*, III, 252.

BONO GIAMBONI. Sa version italienne du

Trésor de Brunetto Latini, *A*, II, 134.

BORDEAUX. Antiquités de cette ville : Temple de Tutèle, plus tard Château-Trompette ; amphithéâtre ou palais Gallien ; sculptures du musée ; enceinte et portes ; fort de Hà ; cathédrale et autres églises ; *B*, IV, 55 et suiv. — Souvenirs aux professeurs de Bordeaux, par Ausone, *B*, I, 290. — Royaume de Bordeaux, *A*, V, 293. — Itinéraire de Bordeaux à Jérusalem, *B*, II, 3. — Coutume de Bordeaux, *A*, IV, 263. — Les Anglais battus sous ses murs, *B*, I, 211. — Remontrance faite au nom de cette ville à Henri IV, par Montaigne, *B*, III, 527. — Mémoires de l'Académie de Bordeaux, *A*, III, 516.

BORDELAIS envahi par les routiers, en 1438, *B*, I, 209.

BORDIER (Henri-Léonard), élève pensionn. de l'Éc. des chartes, membre de la Soc. de l'Éc. des chartes, *A*, I, 49. — Archiviste-paléographe, *A*, II, 589. — Membre de la commission des archives dép., *B*, III, 449. — Auxiliaire de l'Académie des inscr. et belles-lettres, 460. — Expert dans l'affaire Libri, *B*, IV, 358. — Secrétaire par intérim de l'Éc. des ch., *ibid.*, 359. — Voy. *A*, III, 581.

A publié dans la Bibl. de l'Éc. des chartes : Notice sur Guill. du Brueil, auteur du *Stilus parlamenti*, *A*, III, 47. — Tentative d'enlèvement du prince Djim, 285. — Commentaire sur un document relatif à la coutume de Paris, *B*, I, 396. — Deux chartes inédites des années 789 et 789, *B*, II, 70. — François de Bonivard, 385. — Jugement lombard de l'an 762, *B*, III, 43. — Chartes inédites de l'an 794, *ibid.*, 412. — Des droits de justice et des droits de fief, IV, 193. — Les demandes que le roy fait des coutumes de fief, V, 45. — L'advis et devis des langues, traité de philologie composé en 1563, *ibid.*, 290 et 339. — Articles bibliograph., *A*, I, 214, 579; II, 191; III, 578, 589; IV, 182, 285; V, 83, 96, 292; *B*, I, 82, 179; II, 172, 466, 589; III, 71, 161, 257, 347, 415, 521; IV, 269, 428; V, 320, 422.

BOREL D'HAUTERIVE (André), élève pensionn. de l'École des chartes, archiviste-paléographe, membre de la Société de l'Éc. des chartes, *A*, I, 47. — Éditeur de la Revue historique de la noblesse, *A*, II, 195; — de l'Annuaire de la Noblesse, IV, 292. — Secrétaire-trésorier de l'École des chartes, *B*, V, 389.

A publié dans la Bibl. de l'École des

chartes les articles bibliogr., *B*, II, 380; IV, 376.

BORN (Bertrand de), honoré après sa mort dans l'abbaye de Saint-Martial de Limoges, *A*, IV, 345.

BORNAN (Pierre de), *B*, I, 73.

BOSQUET (François), évêque de Lodève, puis de Montpellier. — Pourquoi son livre sur les libertés de l'Église gallicane est resté inédit, *A*, V, 603.

BOSSUET. Soins qu'il donna à l'éducation du Dauphin, *B*, IV, 25, 34. — Jugement porté sur Pierre du Puy dans la *Defensio Declarationis cleri gallicani*, ouvrage posthume de Bossuet, *A*, V, 604. — Lettre de Bossuet sur la mort d'Henriette-Anne d'Angleterre, duchesse d'Orléans, *B*, I, 174, 176. Voy. *Du Puy* et *Libertés de l'Église gallic.*

BOUCHAIN, *A*, III, 569.

BOUCHAUDON (Claude de), *A*, IV, 547.

BOUCHE (Honoré), *B*, V, 394.

BOUGIE, en Algérie. Documents sur son histoire et son commerce, *A*, II, 388. — *B*, IV, 244. — V, 135, 139, 143, 144, 152.

BOUGIVAL. Voy. *Beudechisilovalle*.

BOUGON (Tumulus de). Fouilles qui y sont faites, *B*, I, 482.

BOUHOURS, *A*, I, 460.

BOUILLET (Dictionnaire d'histoire et de géographie, par M.), *A*, IV, 288.

BOUIN (Le vieillard de), *A*, I, 367, 369.

BOULE AUX RATS (Représentations de la), *B*, IV, 234; V, 424.

BOULOGNE-SUR-MER. Son ancien nom, *B*, IV, 315, n. 2.

BOULOGNE (Renaud de Dammartin, comte de), *A*, V, 31.

BOUNAR-BACHI (Inscription grecque, découverte à), *B*, II, 497.

BOUQUET (Dom), réfuté, *A*, II, 60 et suiv.

BOUQUINISTES. Leurs démêlés avec les libraires, à Paris, aux XVIIe et XVIIIe siècles, *B*, V, 368. — Requête rédigée en leur faveur, en 1697, *ibid.*, 369.

BOURBON (Louis de Clermont, sire de), *A*, III, 12 et suiv. — Charles Ier et Jean II, ducs de Bourbon, II, 262. — Orléans secouru par le duc de Bourbon, *B*, III, 502. — Contrat de mariage de Jeanne de Bourbon avec Humbert II, dauphin de Viennois, *A*, I, 282. — Elle épouse le dauphin Charles, *A*, I, 283. — Princes de Bourbon sous Charles VII. Leur éloge par Chastellain, *A*, IV, 75. — Caractère et intrigues de Charles de Bourbon, *B*, I, 143, 203. — Mariage de Rodrigue de Villandrando avec une bâ-

BUFFON (Statue élevée à), *B*, I, 300.
BUONCOMPAGNO, professeur de grammaire à Bologne au XIIIe siècle ; son traité de *Arte dictaminis*, *A*, IV, 27.
BUREAU (Girard), *B*, V, 226.
BURNOUF (Eugène), de l'Institut, élève de l'ancienne École des chartes, membre de la Soc. de l'École des ch., *A*, I, 44. — Traducteur du *Bhagavata Purana*, *A*, II, 189. — Voy. encore *B*, V, 168.
BURSA, forêt royale mentionnée dans un diplôme de 1247, *A*, I, 548.

BUSSE, sorte de navire italien, *B*, IV, 251.
BUSSIÈRE (Notice sur l'abbaye de la), *A*, IV, 549. — Ses droits, justices, privilèges : *ibid.*, 557, 558. — Ses possessions territoriales ; *ibid.*, 551, 555, 561 et suivantes. — Ses querelles avec les évêques d'Autun, *ibid.*, 557, 558. — Description de son église ; *ibid.*, 552-556.
BUTOR (Bauduins), trouvère, *A*, V, 291.

C

C carré dans une inscription du Xe siècle, *B*, IV, 333.
CACHELART (Jean), bachelier en décret, vend au duc Louis d'Orléans un manuscrit de la Légende dorée, *A*, V, 66.
CADENET, troubadour, *A*, IV, 27.
CADIÈRE (La), colonie de Phocéens, *B*, V, 74.
CADIS (M. Léonce), *B*, IV, 188 ; V, 91.
CADOC, seigneur de Gaillon, chef de routiers au service de Philippe-Auguste, *A*, III, 418.
CADORAT. Voyez *Puisieux*.
CADOUIN. Donation faite par Mercadier, en 1195, à l'abbaye de Cadouin, en Périgord, *A*, III, 425 et 444.
CAEN (Pêcheries de), en 1258, *A*, I, 538. — Maison des Marmites à Caen, *ibid.* — Donation du bourg de Trun, faite en 1082, par Roger de Montgommeri, au monastère de Saint-Étienne de Caen, *ibid.*, 540, note. — Donation faite à l'abbaye du Saint-Sépulcre de Caen, en 1218 et 1311, *ibid.*, 547. — (Église de Saint-Étienne-le-Vieux à), *B*, III, 189. — (Université fondée à), *A*, III, 324. —(Rôle des feux de la vicomté de), 1371, *A*, II, 297.
CAEN (Raoul de), fils de Foulcroi, poète du XIIe siècle, *B*, III, 384.
CAHORS (Cathédrale de), *B*, III, 201 ; IV, 49. — On fabrique à Cahors de l'artillerie et de la poudre en 1345, *B*, I, 43.
CAIFONG-FOU (Siège de), *B*, I, 29.
CAIGNY (Perceval de), chroniqueur, *B*, II, 142 et suiv.
CAILHAVA (Vente de la bibliothèque de M.), *B*, II, 91.
CAIRE (Le). Ses mosquées construites en ogive, *B*, II, 503. — Coupoles de ses mosquées, *B*, IV, 401.
CALABRE (Jean de). Son expédition contre Naples, 1459, *A*, III, 185.

CALAHORRA, en Aragon, *A*, II, 363.
CALAIS. Ses armoiries, *B*, II, 182.
CALENDRIER, dans le *Hortus deliciarum*, *A*, I, 254, 256. — Calendrier perpétuel portatif dressé pour l'an 1381, *A*, II, 272, 280. — Lettre relative au calendrier républicain, *B*, I, 195.
CALVIN. Part qu'il a prise à la condamnation de Servet, *B*, III, 445. — Exhorte à la patience et à l'espoir, *A*, IV, 468. — Cité par Bonivard, *B*, V, 307.
CAMBRAY, *A*, III, 569. — Assiégé en 1339, *B*, I, 40 et 51. — Note sur sa bibliothèque, *B*, IV, 190. — (Roman de Raoul de), *A*, II, 506.
CAMPES (Gautier de), peintre, donne le plan du pont N.-D. à Paris, en 1499, *B*, II, 40.
CANDELORE, ville d'Asie Mineure, *B*, I, 315, 491, 505 ; *B*, II, 138.
CANGE (C. du Fresne, sieur du). Historique de son *Glossarium mediæ et infimæ latinitatis*, *A*, I, 498, 510. — Son Histoire manuscrite des évêques d'Amiens, citée, *A*, II, 34.—Son Histoire de la ville d'Amiens, *A*, II, 292. — Deux erreurs par lui commises, *B*, I, 39. — Vénéré des Bénédictins, *B*, III, 258, note. — Statue élevée en son honneur à Amiens, *B*, I, 195 ; V, 427.
CANTIQUES, dans le *Hortus deliciarum*, *A*, I, 258.
CANTORBÉRY (Contes de), de G. Chaucer, trad. par M. H. Gomont, *B*, III, 529.
CAPEFIGUE (J. B. H. R.), élève de l'ancienne École des chartes, auteur de plusieurs ouvrages d'histoire et de politique, *A*, I, 43.
CAPENDU (Raymond de), *B*, II, 370.
CAPITAINE de joyeuse entente, *A*, III, 569.
CAPOUE (Pierre de), cardinal envoyé par Innocent III en France, *B*, I, 22.
CAPUCHONNÉS (Confrérie des). Voyez *Pacifiques.*

CHABOUILLET (M. Anatole), *B*, V, 389.

CHABRIER (M. de), garde général des Archives nationales, *B*, V, 169.

CHAILLOU DES BARRES (M. le baron). Voy. *Ancy-le-Franc*.

CHAINES pour barrer les rues de Paris, *B*, V, 331.

CHALAS (De), député des Églises réformées de France, *B*, II, 554.

CHAILLOU (De). Famille historique des environs d'Étampes, *A*, II, 405. Voy. *Philippe* Ier.

CHALON (Guillaume, comte de), fait massacrer par une armée de routiers, en 1166, une partie des moines et des habitants de Cluny, *A*, III, 131. — (Jean de), prince d'Orange, *B*, II, 269.

CHÂLONS-SUR-MARNE (Philippe, évêque de), auparavant abbé de St.-Menge, *B*, III, 384. — (Guillaume, évêque de) et comte du Perche, fait une donation à la chartreuse du Val-Dieu, *A*, I, 538. — (Prise de), par la Pucelle, *B*, II, 159.

CHALUS (Château de). Voy. *Richard Cœur-de-Lion*.

CHALUS (Robert de), sénéchal de Carcassonne au XVe siècle; son procès avec Pierre de Mornay, *B*, IV, 445 et suiv.

CHAMBES (Relation de Jean de), envoyé du roi Charles VII auprès de la seigneurie de Venise, 1459, *A*, III, 183-196. — Ses titres, 185. — Son rôle politique, *ibid.* — Ses enfants, *ibid.*

CHAMBRE ou trésor privé des ducs de Normandie, *B*, V, 279 et 280.

CHAMPAGNE (Comte de), *B*, I, 73; III, 253. — Sceau de la comtesse Alix, *A*, V, 133. — Procès de la comtesse de Champagne avec Érard de Brienne, *B*, V, 18, 21. — (Le maréchal de), membre du conseil des états de 1358. — Voy. *Conflans* (Jean de).

CHAMPAGNE (Guillaume de la), chevalier, l'un des sept combattants de Moutendre, *A*, I, 377 et suiv.

CHAMPION DES DAMES. Passage de ce roman sur la vauderie, *B*, III, 84.

CHAMPIONNIÈRE (M.). Sa théorie sur les droits de justice et les droits de fief, *B*, IV, 193-228.

CHAMPIONS pour les duels judiciaires, *A*, I, 558-563.

CHAMPOLLION-FIGEAC (M.), *A*, I, 12, 50; *B*, III, 175; IV, 280, 359; V, 322-326, 389.

CHANGE (Corporation des agents de), *A*, V, 351.

CHANSONS de geste. Remontent à une époque très-voisine de celle de la mort des héros qui les ont inspirées. *A*, I, 528.

— Historiques. Sur la mort de Richard Ier, roi d'Angleterre; sur le siége de Thouars par Philippe-Auguste, sur les Établissements de saint Louis, sur la folie de Charles VI, sur le combat de Montendre en 1402, *A*, I, 359. Voy. *B*, II, 86. — Politiques. Voy. *Ménétriers*. — Chansons de Richard de Fournival, *A*, I, 39.

CHAPELAIN, *A*, I, 482, 483.

CHAPONNIÈRE (Le d^r J. J.), *A*, III, 590; V, 96; *B*, II, 391 et suiv.; III, 446; V, 420.

CHAPPES (Gauthier de), *B*, IV, 522.

CHAPTAL (Autographe de), *B*, I, 196.

CHARDON, maître d'école. Voy. *Université*.

CHARENTON (Forteresse du pont de), *B*, I, 55.

CHARITÉ-SUR-LOIRE (Église de la), *A*, III, 561.

CHARLEMAGNE, *A*, I, 363; IV, 274. — (Vers latins inédits attribués à), *A*, I, 305. — Son épée, *B*, IV, 414. — Chanté par Gilles de Paris, *B*, I, 169.

CHARLES LE CHAUVE. Assiége et prend Angers en 876, *A*, I, 347 et suiv. — Deux chartes inédites de lui, *A*, I, 205. — Rectifications aux commentaires publiés sur ces deux chartes, *A*, III, 309.

CHARLES V, roi de France; premier dauphin de Viennois, *A*, I, 283. — Son arrivée à Paris après la bataille de Poitiers, *A*, II, 351. — Ouvre les états de 1356, *ibid.* — Son entrevue avec Étienne Marcel, 353. — Proscription de ses officiers, *ibid.* — Il parle avec fermeté aux états, 355. — Il harangue le peuple aux halles, 357. — Scène du 22 février 1358, 358. — S'échappe de Paris, 359. — Connaisseur en architecture, *B*, III, 55. — Il fait continuer les chroniques de Saint-Denis, depuis 1350 jusqu'en 1379, *A*, II, 66 et suiv. — Sa statue est placée à la Bibliothèque royale, *A*, II, 512.

CHARLES VI, *B*, II, 53, 54, 59-69; V, 334, 336. — Complainte sur sa folie, par Christine de Pisan, *A*, I, 374.

CHARLES VII, roi de France, *A*, II, 270. — Blâmé de sa conduite envers la Pucelle, *B*, II, 167, 168, 171. — Institue une fête annuelle en mémoire de l'expulsion des Anglais, *A*, II, 167. — Ses relations politiques avec la seigneurie de Venise, *A*, III, 183 et suiv. — Documents historiques relatifs à son règne, *B*, III, 110-147. — Son portrait par Chastellain, *A*, IV, 76 et suiv.

CHARLES VIII, *A*, III, 485 et suiv. — Deux épées qui lui ont appartenu, *B*,

CLUNY (Donation faite à l'abbaye de), en
1210, du monastère de Hiero-Komio,
près de Patras, *B*, V, 308. — (Les moines de) dépouillés, et 500 habitants de
leur ville massacrés par les routiers,
A, III, 131. — (Hôtel de), à Paris,
acheté par l'État, *A*, IV, 586. — (Musée
de), *A*, V, 410.
COCHERIS (M.), *B*, V, 169, 421.
COEFFETEAU, *A*, I, 460.
COETIVY (Alain de), cardinal-évêque d'A-
vignon, *A*, III, 186.
COGNAC (Église de). Description du portail,
B, III, 194, 195.
COHEN (Jean), traducteur des Institutions
et des mœurs de l'Église au moyen âge,
par M. Hurter, *A*, V, 171.
COINCY (Guillaume de). Vers de ce poëte,
B, IV, 230 et 231.
COISLIN (Vente de la bibliothèque de
M. de), *B*, IV, 191.
COLBERT, *A*, III, 510 ; *B*, IV, 483.
COLET (Jean), archer de la ville de Paris,
A, V, 482 et suiv.
COLLÉGE des Treize, — des Quinze, — des
Vingt-et-un, à Strasbourg ; leur compo-
sition et leurs attributions, *A*, I, 456,
457. — Ils composent le Directoire im-
muable, 457.
COLLO, en Algérie, *B*, V, 144, note.
COLOGNE (Histoire de la cathédrale de)
par M. Boisserée, *B*, II, 79.
COLOMBE (Michel) a travaillé aux tom-
beaux de Brou, *B*, IV, 84.
COMÉDIE païenne. A quelle époque dispa-
raît-elle? *A*, I, 517 et suiv. — Essais
d'art dramatique au XVe siècle, *A*, V,
43 et suiv. — Voy. *Comique*.
COMES. Voy. *Grafio*.
COMINALAT, magistrature municipale de
la ville de Digne, *B*, III, 441 et suiv.
COMINAUX, officiers municipaux de Digne;
leur nombre, leurs attributions, *B*, III,
442 et 443.
COMINES (Philippe de), épouse l'une des
filles de Jean de Chambes, *A*, III, 185.
— Édition de Comines, par Mlle Dupont, *B*, V, 423.
COMIQUE (Fragment d'un) du VIIe siècle,
publié par M. Ch. Magnin, *A*, I, 517.
COMMERCE. Combien les croisades l'ont
développé, *B*, I, 313. — Interdit au
clergé, *B*, III, 481. — Documents sur
le commerce maritime du midi de la
France, *B*, III, 203. Voy. *Pise*, *Rouen*.
COMMINATOIRES (Formules) des chartes de
l'abbaye de Saint-Sever, à consigner
dans les Traités de diplomatique, *A*,
III, 283.

COMMINGES (Guerre pour la possession
du), *B*, I, 213, 218.
COMMUNAUTÉ de biens entre époux, au
moyen âge, *B*, III, 161 et suiv. — Voy.
Mariage.
COMMUNAUTÉS. Voy. *Béguines*.
COMMUNES. Tableau de leur histoire, *B*,
III, 73.— de Normandie, au XIIe siècle, *B*, V, 283. — Siciliennes, *A*, IV,
578 , 580. — Commune proprement
dite, *A*, I, 441. — Propriétés communales, *A*, I, 444, 449. — (Système
de M. Leymarie sur l'origine des), *B*,
V, 421.
COMMUNICATIONS (Rapidité des) au moyen
âge, *A*, IV, 351, note 1; *B*, III, 303.
COMPAGNIES (Grandes). Leurs commence-
ments en 1353, *A*, III, 259. — Opinion de D. Vaissète sur leur formation, *A*, III, 264. — Leur organisation,
1354, *A*, III, 260. — Leurs ravages
en France, *A*, V, 245. — Leurs chefs
principaux, *A*, III, 262, 263. — Bulle
du pape Urbain V contre elles, 1365,
9 juin, *A*, III, 270. — Employées au
service de Charles V, *A*, III, 280; V,
238 et suiv.
COMPAGNIE de Dame oiseuse, *A*, III, 569.
COMPANS (De), marchand drapier et éche-
vin de Paris, *B*, II, 433 et suiv.
COMPIÈGNE (Sortie de), où fut prise la
Pucelle, *B*, II, 168. — (Hôtel de ville
de), V, 426. — Voy. *États*.
COMPTABILITÉ de l'échiquier de Normandie, au XIIe siècle, *B*, V, 274 et suiv.
— Comptabilité et registres des mé-
nétriers, *A*, V, 359 et suiv.
COMPTES (Chambre des) bouleversée par
les états de 1357, *A*, II, 353.
COMPTES de table. Voy. *Liber domicilii*.
COMTES du palais des rois francks, *B*, V,
242. Voy. *Maire du palais*. — Office
épiscopal à Strasbourg ; ses attributions,
A, I, 435, 449, 459. — Comtes et ducs
bohémiens, *A*, V, 457, 525.
COMTÉS (Division de la Normandie en),
B, V, 259.
CONARDS DE ROUEN, *A*, I, 105, 106. —
Leurs railleries contre les vices et les
abus, *ibid.*, 109. — Prix décerné par eux
au bourgeois ayant fait la plus sotte
chose dans l'année, 113.—Leur célébri-
té, 116 et suiv.—Leur suppression, 121.
CONDÉ (Pierre de), *A*, V, 215.
CONFLANS (Jean de), maréchal de Cham-
pagne, *A*, II, 358.
CONFRÉRIES. Leur rôle dans le château de
Digne; leur analogie avec les ghildes,
B, III, 442. — de Sainte-Cécile, fondée

Histoire manuscrite d'Amiens, *A*, II, 33.
COURTARONEL (Catherine de), quatrième femme de Bonivard, *B*, II, 400.
COURTISOLS, ville de Champagne, visitée par les Bohémiens en 1453, *A*, V, 531, note.
COUSIN (M. Victor) a publié dans la Bibl. de l'Éc. des ch.: Affaire du P. St-Ange, *A*, IV, 111. — Lettres de Mme de Longueville, 401. — Mlle de Roannez, *A*, V, 1. — Jacqueline Pascal, 391.
COUSSEMAKER (M. de) Voy. *Musicales (Collections)*.
COUTANCES (Cathédrale de). Voy. *Miracula*. — (Goubert, écolâtre de), confirme une donation de Gillain, évêq. de Coutances, à la chartreuse du Val-Dieu, *A*, I, 538.
COUTRAS (Bataille de), *B*, II, 550.
COUTUMES arbitraires introduites par le seigneur ou par le vassal, *B*, V, 47, 48. — de Beauvoisis, *A*, IV, 260. — d'Alais, publiées par M. Beugnot, *B*, II, 93. — de Normandie, *B*, II, 384. — *Id.* publ. par M. Marnier, *A*, IV, 285. — de Picardie (1300-1323), publ. par M. Marnier (1840), *A*, IV, 285. — de Paris, *B*, I, 396-435. — Institutes coutumières d'Ant. Loysel, *B*, II, 283. — Grand Coutumier de France, ou grand Coutumier de Charles VI, *B*, V, 45-47. — Droit coutumier du midi de la France; rareté de ses monuments, II, 99. Voy. *Abbeville*, *Alais*. *Droit*.
COUTURE, en Vendômois. Événements divers arrivés en ce lieu au XVIIe siècle, *B*, IV, 7, 11 et suiv.
COVINO (Symon de), auteur d'un poème latin sur la peste de 1348, *A*, II, 201.
CRAMPON (M.), *B*, V, 169.
CRAON (Jean de), archevêque de Reims. Sa conduite aux états de 1357, *A*, II, 354.
CRAON (Amaury de), *A*, III, 279.
CRAPELET (M.), imprimeur, *A*, IV, 188.
CRÉCY (Bataille de). Les Anglais y font usage de canon, *B*, I, 44 et suiv.
CREST (Église de), *B*, III, 33. — Affranchissement de la commune de Crest, *ibid.*
CRÈVECŒUR (Hugues de) fait une dona-

tion à l'abbaye de Saint-Lucien de Beauvais, *B*, III, 249. — (Notice sur l'ancienne ville de), par M. A. Bruyelle, *B*, IV, 84.
CROISADES. Ont été très-favorables au commerce, *B*, I, 313 et suiv. — (Des Pélerinages en Terre Sainte avant les), *B*, II, 1. — (Monument du temps des), en Syrie, *B*, II, 501 et suiv. — (Description du temple de Jérusalem au temps des), *B*, IV, 393 et suiv. — Croisade contre les Turcs, en 1345, *A*, I, 274 et suiv. — contre les Juifs de Niort, *A*, II, 153-158. — (Projet de), en 1459, *A*, III, 183, 184. — Les Guerres saintes d'outre-mer, ou Tableau des Croisades, par M. de Montrond, *A*, II, 404. — (Historiens des), *B*, I, 292.
CROISÉS (Liste des premiers seigneurs), *A*, II, 447 à 449. — Croisés assiégeant une abbaye, *A*, II, 153, 158.
CROY (Sépult. de la famille de), *B*, II, 89.
CUBA. Signification de ce mot dans les textes du moyen âge, *B*, IV, 401; V, 152.
CUCHEVAL (Athanase), élève pensionn. de l'École des chartes, *B*, I, 298. — Archiviste paléographe, III, 175, 516.
CUGNIÈRES (Pierre de). Voy. *Du Puy*.
CUISINE des compagnons dans un mystère du XVe siècle, *A*, III, 437.
CULTURE de la terre. Son développement au XIIIe siècle en France, *A*, I, 547, 548.
CUNIZZA, dame italienne du XIIIe siècle. Esquisse de sa vie, *A*, IV, 99.
CURCY. Donation faite, en 1070, à l'abbé de Marmoutier, par Richard de Curcy, *A*, I, 549, note. — Transaction passée, en 1244, par un autre Richard de Curcy avec la même abbaye, *ibid.*, 550.
CURIE romaine, *A*, I, 431, 438, 443. — Sa persistance dans les Gaules, IV, 177. — (Registres de la), *B*, III, 37 et 38.
CURNE DE SAINTE-PALAYE (LA), *A*, II, 57 et suiv. — Auteur de deux notices sur les écrits de Jean de Venette, *A*, III, 30.
CYBARD (Grotte de saint), à Angoulême, *B*, III, 202.
CYGNE. (De la prononciation de ce mot), *B*, II, 307. — Voy. *Chevalier*.

D

D euphonique, *B*, II, 308.
DACIER (M.). Réfutation de son mémoire sur la révolution qui sauva Paris pendant la captivité du roi Jean, *A*, I, 79 et suiv.
DAGOBERT. Signification de ce nom germanique, *B*, V, 3.

DAGOBERT II, roi d'Austrasie, *A*, I, 432.
DAGOBERT (Sur l'épée de), *B*, IV, 413.
DAIM (Olivier le). Épigramme sur sa mort, *B*, V, 110.
DAIMBERT, archevêque de Sens, *A*, II, 248.
DAMES (Les douze) de rhétorique, allégorie poétiq. du moyen âge, *B*, III, 69.

B, III, 361; V, 422. — Le Clergé normand au XIIIe siècle, B, III, 479. — Notice sur un traité du XIIe siècle intitulé : *Miracula eccl. Constantiensis*, B, IV, 339. — Des Revenus publics de la Normandie au XIIe siècle, B, V, 173 et 257. — Article bibliogr., *ibid.*, 383.

DELOYE (Augustin), élève pensionnaire de l'École des chartes, *A*, II, 309. — Membre de la Société de l'Éc. des ch., *ibid.* — Archiviste paléographe, *A*, IV, 569. — Attaché aux travaux de publication des cartulaires de France, *A*, V, 621.

A publié dans la Bibl. de l'Ec. des ch. : Des chartes lapidaires en France, B, III, 31. — Inscriptions grecques et latines découvertes à Vaison, IV, 305. — Des Édenates et de la ville de Seyne, V, 393. — Articles bibliogr., B, II, 271; III, 441.

DELPIT (M. Jules). Sa mission à Londres en 1842, *A*, III, 520. — Sa publication des Documents français qui se trouvent en Angleterre, B, IV, 79.

DELPIT (Martial), élève pensionn. de l'Éc. des ch., archiv. paléographe, membre de la Soc. de l'Éc. des ch., *A*, I, 47. — Sa mission à Amiens, *A*, I, 408. — Son Mémoire sur les sources manuscrites de l'hist. municip. d'Amiens obtient une méd. à l'Acad. des I. et B.-L., *A*, II, 587.

A publié dans la Bibl. de l'Éc. des ch. : Notice sur l'École des chartes, *A*, I, 1. — Des travaux des Bollandistes, II, 571. — Études sur l'ancienne administration financière des villes de France, IV, 147.

DEMANTE (Gabriel), élève pensionn. de l'Éc. des chartes, membre de la Soc. de l'Éc. des chartes, *A*, II, 309. — Archiviste paléographe, *A*, IV, 569.

A publié dans la Bibl. de l'Ec. des ch. : Hist. de la publication des livres de Pierre du Puy sur les libertés de l'Eglise gallicane, *A*, V, 585. — Articles bibliogr., *A*, IV, 83, 276; B, I, 182; V, 248.

DÉMONSTRATIONS évangéliques, par l'abbé Migne, B, I, 182.

DENFORT (Robinet de), familier de Louis XI, *A*, III, 478.

DENIER SUSPENDU à une charte. Explication de cette particularité, B, I, 240.

DENYS, moine byzantin, auteur d'un Manuel de la peinture, traduit par M. P. Durand et annoté par M. Didron, B, I, 461.

DÉSATTRISTER. Pourquoi ne se trouve pas dans le Dictionnaire de l'Académie, B, II, 313.

DESCHAMPS (Eustache), poëte français, écuyer du duc Louis d'Orléans, chargé par le prince d'acquitter le prix de plusieurs manuscrits; reçoit une gratification à l'occasion du mariage de sa fille, *A*, V, 68. — Ballade inédite de lui sur la sédition des maillotins, B, I, 367.

DESMARETS (Jean), avocat au parlement, *A*, II, 362.

DESPESSES, B, II, 444 et 458.

DESROCHES (M. l'abbé). Ses Annales religieuses de l'Avranchin, B, V, 78.

DESSALLES (M. L.). Sa brochure sur le Trésor des chartes, B, I, 79.

DESSOUDZ L'OURME (Andry), chevalier au trésor du roi, *A*, V, 81.

DESTIN (Mémoire de M. Daunou sur le), *A*, III, 222.

DESTUTT DE TRACY. Discours prononcé à ses funérailles par M. Daunou, *A*, III, 227.

DESVERGERS (M. Noël). Sa mission dans le royaume des Deux-Siciles, en 1841, *A*, II, 595.

DIAIRE, ou Journal du voyage du chancelier Seguier en Normandie, etc., publié par M. A. Floquet, *A*, III, 297.

DIALECTES (Des) du vieux français, *A*, I, 469. — Leur étude est-elle importante ? *A*, III, 91. — Même question, B, II, 191 et suiv.

DIANA, Deana, Diane. Grand-prêtre de cette déesse, B, IV, 318 et suiv. — Vœu à Diane Auguste, *ibid.*, 324, 325.

DICKEYMAN (Jean), trouvère, *A*, V, 291.

DIDRON (M.) ouvre un cours d'archéologie chrétienne à la Bibliothèque royale, *A*, II, 512. Voy. *Denys, Dieu*.

DIE (Inscription romaine de), B, III, 31. — Son évêque, 33.

DIEPPE (Pêcheries de), en 1237, *A*, I, 538.

DIEST en Brabant (Chronologie hist. des sires de Brabant), par M. de Reiffenberg, B, I, 298.

DIEU. Différentes formes de ce mot dans l'ancien français, *A*, III, 77. — (Histoire de), par M. Didron, B, I, 461. — Voy. *Iconographie*.

DIEZ (Frédéric), *A*, I, 465.

DIGNE (Essai hist. sur le cominalat dans la ville de), par F. Guichard, B, III, 441, 515. — (Pays de), V, 400 et suiv.

DIJON, *A*, I, 105. — (Commune de), B, II, 254 et suiv. — (Rapport sur les restes de la Chartreuse de), par M. de S.-Mesmin, B, II, 79. — (Académie de). Prix proposés par elle, *B*, III, 271. — Voy. *Bauffremont, Juifs.*

DIPLOMATA, CHARTÆ, EPISTOLÆ, LEGES, etc., t. I, publ. par M. J. M. Pardessus, *A*, V, 508.

DIPLOMATIQUE CHRÉTIENNE (Dictionnaire raisonné de), par M. Quantin, *B*, III, 444.

DIPTYQUES des vivants et des morts, *B*, III, 361 et 362.

DISCIPLINE ECCLÉSIASTIQUE au XIIIᵉ siècle, *B*, III, 479 et suiv.

DIVIONENSIS (*Pagus*), le Dijonnais, *A*, IV, 550.

DJIDGELLI, en Algérie, *B*, V, 144.

DJIM, fils de Mahomet II, retenu prisonnier en France, *A*, III, 285 et suiv. — René de Lorraine tente de le faire enlever du château de Bourganeuf, *ibid*, 287.

DOCTRINE CHRÉTIENNE (Pères de la), *A*, V, 348 et suiv. — Leurs procès avec les ménétriers, *ibid.*, et 364.

DOCUMENTS (Collection des) inédits relatifs à l'hist. de France, pub. par le ministère de l'instr. publ., *A*, I, 315; *B*, IV, 85. — français qui se trouvent en Angleterre, recueillis par M. J. Delpit, *B*, IV, 79.

DÔME désigne en Italie la cathédrale, *B*, IV, 404.

DOMINUS. Voy. *Titres.*

DOMREMY. Don fait par Louis-Philippe à cette commune d'une statue de Jeanne d'Arc, *A*, II, 512. — Inauguration de cette statue, IV, 503.

DONATION. Le don ou legs fait à l'enfant appartenait au père (XIVᵉ siècle), *B*, I, 407. — Le don ou le legs entre mari et femme était interdit, 426-431. — Des avantages que le père et mère peuvent faire à l'un de leurs enfants, 431.

DONATUS PROVINCIALIS, gramm. provençale du XIIIᵉ siècle, publiée, *A*, I, 125.

DOUAIRE, *B*, I, 421-425.

DOUANES. Voy. *Traites.*

DOUAY, *A*, III, 569. — Origine de ses armoiries, *B*, II, 182. — (Inventaire des chartes et papiers des hospices de), par M. Brassart, *A*, IV, 182. — Mémoires de la Société d'agriculture, sciences et arts du dép. du Nord, séant à Douay, *ibid*. — (Note sur la biblioth. de), *B*, IV, 190.

DOUBLET DE BOISTHIBAULT (M.). Son Histoire de l'abbaye de Tiron, dans le Perche, *B*, V, 72. — de la cathéd. de Chartres, *B*, V, 423.

DOUET D'ARCQ (L. C.), élève pensionn. de l'Ec. des chartes, archiviste paléog.,

membre de la Soc. de l'Ec. des ch., *A*, I, 47. — Sa publication des registres de l'hôtel de ville de Paris pendant la Fronde, *B*, V, 384.

Articles publiés par lui dans la Biblioth. de l'Ec. des ch. : Acte d'accusation contre Robert Le Coq, *A*, II, 350. — Emeute de l'Université de Paris, V, 479. — La Charte de Méru, *B*, I, 58.— Documents sur le siége de Carcassonne, II, 363. — Supplique d'un chevalier accusé, IV, 405. — *Liber Domicilii*, V, 155. — Procès criminel intenté à Jacq. de Brézé pour le meurtre de sa femme, *ibid.*, 211. — Extraits des registres du trésor des chartes, *B*, IV, 257, 506 ; V, 372. — Articles bibliogr., *A*, V, 99, 397; *B*, I, 79.

DOYAC (Jean de), chargé de diriger la construction du nouveau pont N.-D. à Paris, *B*, II, 38 et suiv.

DRACHME, monnaie, *A*, V, 125.

DRAPS DE FRANCE (Exportation des) en Orient, *B*, III, 211.

DRAPIERS DE PARIS (Titre de l'année 1219 relatif à la corporation des), *A*, V, 476.

DREUX (Bataille de), 1562, *B*, IV, 152.

DREUX (Henri de), évêque d'Orléans, frère de Philippe de Dreux, comte-évêque de Beauvais, *A*, V, 22. — (Philippe de), comte-évêque de Beauvais, petit-fils de Louis VI, pris par les routiers au siége de Milli-Notre-Dame, en 1196, *A*, III, 429. — Histoire de sa vie, *A*, V, 9-35.

DROCTOVÉE (Saint), premier abbé de Saint-Germain des Prés, *A*, I, 321.

DROIT (Histoire du) civil de Rome et du droit français, par M. Laferrière, *B*, V, 248. — Ce terme, dans les anciens monuments, désigne le droit romain, *B*, II, 108. — Droit coutumier ; ses origines se retrouvent dans les chartes de commune, *B*, II, 98. — Droit germanique, *B*, II, 172. — Histoire du droit français au moyen âge, par M. Ch. Giraud, II. 589. — Droit lombard au VIIIᵉ siècle, *B*, III, 43-54. — Histoire du gouvernement et du droit en France, par MM. Warnkönig et Stein, III, 71. — Droit romain traduit en français du XIIIᵉ siècle, publié par M. Marnier, à la suite du Conseil de P. de Fontaines, *B*, II, 273. — Voy. *Coutumes, Hambourg, Prague*, etc.

DROITS FÉODAUX, *B*, IV, 195 et suiv.

DROITURE. Divers sens de ce mot au moyen âge, *B*, II, 119.

DROITURIER. Diverses significations de cet ancien mot, *B*, II, 119.

DRONKE (E. F. J.), éditeur des *Annales fuldenses*, *B*, I, 380.
DROSILLA ET CHARICLÈS (Amours de). Voy. *Amours*.
DUBA, mot de la basse latinité expliqué, *B*, IV, 402.
DUBOIS (Fragments des Mémoires inédits de), valet de chambre de Louis XIII et de Louis XIV, *B*, IV, 1.
DUCANGE. Voy. *Cange* (C. Du Fresne du).
DUCHALAIS (Adolphe), élève pensionnaire de l'École des chartes, membre de la Société de l'École des chartes, *A*, II, 309. — Attaché au cabinet des médailles de la Bibl. roy., *A*, III, 599. — Archiv. paléographe, *A*, IV, 569. — Auxiliaire de l'Académie des inscriptions, *B*, III, 270; IV, 498. — Premier employé du cabinet des médailles, *B*, V, 389. — Son mémoire sur les Cachets des médecins oculistes, *B*, II, 573. — Ses Observations sur quelques monnaies frappées à Orange pendant le moyen âge, *B*, II, 574. — Remporte le prix de numismatique à l'Académie des inscriptions pour sa Description des médailles gauloises de la Bibliothèque royale, *B*, II, 577.
A publié dans la Bibliothèque de l'École des ch. : Dissertation sur une charte inédite de l'an 1138, relative à l'histoire des vicomtes de Melun, *B*, I, 239; II, 574. — Le rat employé comme symbole au moyen âge, IV, 229; V, 42. — Études sur l'Iconologie du moyen âge. Chasteté et luxure; Noblesse et vilenie, *B*, V, 31-44. — Articles bibliogr., *A*, III, 290, 405, 499; IV, 580.
DUCHATEL (Tanneguy), prévôt de Paris, *B*, V, 331.
DU COURTHIAL (M.), *B*, IV, 188.
DUCS, comtes et chevaliers bohémiens, *A*, V, 157, 525.
DUEL judiciaire entre des communautés religieuses, *A*, I, 552-564.
DUESMENSIS (*Pagus*), le Duesmois, *A*, IV, 550.

DUGAS-MONTBEL, Incendie de la collection par lui léguée à la bibl. de Saint-Chamond, *A*, III, 205.
DUIFFOPRUGCAR (Gaspard), célèbre luthier, amené de Bologne en France par François Ier, *A*, IV, 537.
DUMANOIR (Guillaume I), violon de la Chambre et roi des ménétriers, *A*, V, 255, 258, 269, 273, 278 et suiv.
DUMERSAN (M.), conserv. adj. du cabinet des médailles, *A*, III, 519.
DUPATY (M.), conserv. adj. à la bibl. de l'Arsenal, *A*, III, 311.
DUPLÈS (M. Th.-H.), *B*, III, 592; V, 247, 421.
DUPLESSIS-MORNAY, *B*, II, 548 et suiv.
DUPLESSIS (Raoul), bourgeois de Paris en 1219, *A*, V, 477.
DUPONT (M. E. L.), *B*, III, 533.
DUPONT (Mlle), *A*, III, 558. — Voy. *Comines*.
DU PUY (PIERRE). Détails sur la publication de ses ouvrages relatifs aux libertés de l'Église gallicane, *A*, V, 585 et suiv.
DURAND (Hipp.). Sa Description de la cathédrale de Bourges, *B*, V, 383.
DURAND (Paul). Voy. *Denys*.
DURANS DE DOUAY, trouvère, *A*, V, 291.
DURANT (Pierre), *B*, V, 226.
DURANTON (Alex.-Stan.), élève boursier de l'École des chartes, *B*, III, 268.
DUREAU DE LA MALLE (M.). Son Mémoire sur l'évaluation de la population de la France au XIVe siècle, *A*, II, 188. — A publié dans la Bibl. de l'Éc. des ch. : Document statist. inédit du XIVe siècle, *A*, II, 169.
DUSOMMERARD (Mort de M. Alex.), *A*, III, 599. — Acquisition de sa collection d'antiquités par l'État, *A*, IV, 586.
DU VERGIER DE HAURANNE. Son livre sur le droit qu'un sujet a de disposer de sa vie, *A*, IV, 472.
DUVIVIER (M.), *B*, III, 533.
DUYN (Marguerite de), *A*, V, 209.

E

EAUX THERMALES ou minérales en Gaule à l'époque romaine, *B*, V, 78.
ÉCHEVINAGE de Paris, *B*, II, 52 et suiv. — de Noyon, *ibid*, 52 et suiv.
ÉCHEVINS, *A*, I, 451, 455 et suiv. — de Paris en 1499, *B*, II, 34.
ÉCHIQUIER, *B*, II, 185. — Sa définition, *B*, V, 268. — Son origine, V, 268 et suiv. — Ce nom est donné à plusieurs cours, V,

271. — Échiquier de Normandie, *A*, I, 99; IV, 43, 44, 46, 48, 51 et suiv. — Sa composition, *B*, V, 273. Voy. *Rôles*.
ECLOGARIUM d'Ausone, *B*, I, 291.
ÉCOLE DES CHARTES (Notice historique sur l'), *A*, I, 1. — (Projet de fondation de l'), formé par M. de Gérando, *A*, V, 299. — (Notes et documents pour servir

Fief (Des droits de), *B*, IV, 193, 214-218. — Les demandes que le roi fait des coutumes de fief à l'usage de France, document du XVe siècle, *B*, V, 45 et suiv. — Questions diverses relatives au régime des fiefs dans l'Ile-de-France au commencement du XVe siècle, *ibid.*, 48-59. — Droit de posséder fief accordé aux artisans de Strasbourg, *A*, I, 458. — Opinion de du Cange sur la manière dont les bénéfices sont devenus des fiefs héréditaires, *A*, II, 294. — Service militaire des fiefs nobles, *B*, V, 217. — Partage des fiefs, 409.

Figeac (Gérard de), canonnier, *B*, I, 49 et 51.

Figueiras (Guillem), troubadour de Toulouse, *A*, IV, 32, 36.

Financier (De l'ancien système) des villes de France, *A*, IV, 150.

Finson, peintre, *B*, III, 448.

Fiscus publicus au moyen âge, *B*, IV, 209.

Flamen *divi Julii vel Dialis*, *B*, IV, 318 et suiv.

Flaminica *Fasionis Focontiorum*, *B*, IV, 308.

Flandre (Baudouin IX, comte de), a-t-il participé au jugement de Jean sans Terre? *B*, V, 23. — (Chronique rimée de). *A*, IV, 89. — (Guerre de), en 1328. Subside levé à cette occasion, *A*, I, 169 et suiv. — (Histoire des comtes de), par M. Edward Leglay, *A*, V, 611. — (Inventaire analytique des chartes des comtes de), par M. J. de Saint-Genois, *A*, V, 193; *B*, III, 262.

Flavigny (Siège de) par les Anglais en 1359, *A*, IV, 559.

Fleury (Jean), chevalier anglais, l'un des combattants de Montendre, *A*, I, 377.

Flobert (M.), *B*, I, 388.

Floquet (Amable), élève de l'ancienne École des chartes, membre de la Soc. de l'Éc. des ch., *A*, I, 44. — Son Histoire du parlement de Normandie, *A*, III, 580-585; IV, 300, — obtient le prix Gobert à l'Acad. des Ins. et B.-L., 567. — Directeur de la Société des antiquaires de Normandie, *A*, II, 596. — Membre de la Légion d'honneur, *B*, I, 478. — Voy. *Diaire*.

À publié dans la Bibl. de l'Éc. des ch. : Requête en vers adressée par la basoche de Rouen au parlem. de Normandie, *A*, I, 99. — Hist. des Conards de Rouen, *ibid.*, 105. — La charte aux Normands, *A*, IV, 42. — Lettre inédite de Bossuet, *B*, I, 174.

Flore *et Blancheflor*, roman publié par M. Imm. Becker, *B*, I, 293; — par M. Klemming, *ibid.*, 473.

Florence fait le commerce sous le pavillon pisan, *B*, V, 136, 148.

Florent (Saint). Ses reliques transférées à Roye par un comte de Vermandois, *A*, III, 477. — Description de sa châsse, 482. — Certificat de ses reliques, 484. note. — Procès au sujet de la possession de ses reliques, 486.

Florins (Les) n'étaient pas connus en 1067 et 1068, *B*, V, 209.

Florival. Voy. *Le Vaillant de Florival*.

Florus (Chronique de), *A*, II, 150.

Flou. Étymologie et sens de ce mot, *B*, II, 327.

Foire annuelle à Jérusalem, *B*, II, 12.

Foires. Voy. *Marchés*.

Folie (De la), considérée sous le point de vue pathologique, philosophique, historique et judiciaire, *B*, II, 285.

Fondouc. Ce que c'est, *A*, II, 389, 395 ; *B*, V, 141.

Fontaines, en bas Poitou, prieuré dépendant de Marmoutier, *A*, I, 553 et suiv.

Fontaines (Pierre de), juriscons. Parallèle avec Boutillier, *B*, III, 123, 124. — Voy. *Conseil de Pierre de Fontaines*.

Fontevraud (Ignorance des religieuses de) au XIIe siècle, *B*, III, 388. — (Cartulaire de). *A*, III, 412.

Fonts baptismaux. Voy. *Liége, Médan*.

Forcalquier (Comtes de). Étendue de leurs possessions, *B*, V, 400, 408 et suiv. — (Bertrand II, fils de Guillaume, comte de), *ibid.*, 408 et suiv. — Sa monnaie, *ibid.*

Forcetiers (Corporation des) ou fabricants d'ouvrages en fer et en cuivre, s'organise à Paris en 1297, *A*, III, 379.

Forestier (Yvon le), seigneur de Vauvert, *A*, III, 193.

Forges (Construction de) et extraction de minerai (XIIIe siècle), *A*, IV, 556, 562.

Forli, visitée par les Bohémiens en 1422, *A*, V, 474.

Formules inédites, *A*, I, 217; IV, 1. — *Appendix ad Marculfum*, recueil anonyme de formules; ms. unique qui le contient, *A*, IV, 3. — *Formulæ Andegav.*, *B*, I, 291.

Fort, monnaie de Savoie au XVIe siècle, *B*, V, 366; 419.

Fort (Se faire). De l'emploi de cette locution. *B*, II, 319.

Fortia (Anne-Bernard, abbé de), héros d'une aventure galante qui le fit surnommer l'*abbé Vert*. Discussion généa-

A, I, 48. — Sa mission à Amiens, *A*, I, 108. — attaché aux trav. hist. de la Bibl. roy., *A*, II, 200. — attaché aux travaux préparatoires de la coll. des Lettres de Henri IV, *A*, II, 596. — secrétaire de la commission nommée pour les inscriptions de l'église Saint-Denis, *A*, IV, 296. — membre correspond. de l'Académie de Rouen, *A*, IV, 587. — Remporte le prix à l'Académie de Rouen, sur cette question mise au concours : Tracer l'histoire du commerce maritime de Rouen, *B*, II, 580 ; III, 80. — auxiliaire de l'Académie des inscriptions, III, 270.

A publié dans la Bibl. de l'Éc. des ch. : Inventaire des meubles de Gabrielle d'Estrées, *A*, III. 148. — Des grandes compagnies, III, 258 ; V, 232. — Ambassade de don Pèdre, *B*, I, 344. — Rouen et son commerce maritime, III, 17. — Bulletin bibliograph., *A*, I, 407 ; II, 295 ; *B*, I, 88, 184 ; II, 178, 285 ; III. 275 ; IV, 177.

Froidure en 1329, *A*, II, 164.

Froissart (Jean), chroniqueur. Texte faux de ce chroniqueur, mal à propos adopté par M. Dacier, *A*, I, 86. — (Illuminated illustration of), par M. Humphreys, *B*. I, 386.

Fufius (*M.*) *Maternus*, *B*, IV, 324, 325.

Fulcoie de Beauvais, sous-diacre de Meaux, *A*, III, 529 et suiv.

Fuldenses (*Traditiones et antiquitates*), *B*, I, 380.

Fumechon (Henri de), *B*, I, 38.

Fusées de guerre. En quoi elles diffèrent des tubes lançant des matières inflammables employés au moyen âge, *B*, III, 432 et suiv., 534. — Identifiées avec le feu grégeois, *B*, III, 339 et suiv.

Fustailler (Jean). Voyez *Mâcon*.

Fuster (M.), auteur d'un livre sur les changements arrivés dans le climat de la France, *B*, II, 450.

Fusum, dans les textes de la basse latinité, ne désigne point une composition semblable à celle de nos fusées de guerre, *B*, III, 534.

G

Gachard (M.). Ses travaux sur l'histoire de Belgique, *B*, II, 84. — Voy. *Belgique*.

Gacres et ses Mémoires, par M. Casim. Raffi, *B*, I, 378.

Gadebled (M.), secrétaire de la commission des archives, *B*, V, 254 et 255, note.

Galata (Monuments et inscriptions du moyen âge à), *B*, II, 490 et suiv.

Galien (Traduction arabe manuscrite d'un ouvrage de), *B*, I, 194.

Gallerand, prétendu vicomte de Melun, *B*, I, 251.

Gallia, *B*, I, 171, 172.

Gallia christiana, corrigé à propos des premiers évêques de Maillezais, *A*, II, 156. — Additions et corrections faites à ce recueil, *A*, I, 494, 538, 540, 550 ; *B*, III, 384. — Erreurs du *Gallia* sur l'Histoire ecclésiastique de Digne, relevées par M. Guichard, *B*, III, 444. — (Corrections du texte d'une bulle donnée par le), *B*, IV, 330, n. 2. — Voy. *Troyes*.

Gallitæ, peuple de la Gaule, *B*, V, 394 et 396.

Gallois (Insurrection de paysans), *A*, III, 561.

Gallo-romains (Tombeaux). Voy. *Tombeaux*.

Gand (Congrès à), pour régler l'orthographe de la langue flamande, *A*, III, 205.

Gand (Pierre de), trouvère, *A*, V, 291.

Gandor (ou Graindor), de Douay, trouvère, auteur de l'une des versions du roman de Godefroi de Bouillon, *A*, II, 443 ; V, 290.

Gard (Académie royale du). Prix proposé par elle, *A*, V, 103.

Garde et bail des enfants, *B*, I, 414-417, 419 ; V, 51.

Garde féodale (Revue de la) de Saint-Maur-des-Fossés, *B*, V, 67.

Gardet (Ed.-J.), élève pensionnaire de l'École des chartes, *A*, IV, 296. — membre de la Soc. de l'Éc. des chartes, *ibid.*

Garennes, *B*, IV, 196.

Garin le Loherain (Roman de), traduit en prose par Ph. de Vigneulles, *A*, V, 541. — (La mort de), poëme du XIIe siècle, publié par M. Ed. Dumeril, *B*, II, 275.

Garlande (Jean de). Sa préface au Traité des mystères de l'Église, *A*, V, 203.

Garnier (M.), archiviste de Dijon, *A*, III, 309. — Ses rectifications à deux chartes de Charles le Chauve, *ibid.* — Ses Chartes bourguignonnes des VIIIe, IXe, Xe et XIe siècles, IV, 563, 564.

Garnier (M. Ch.-Ed.), *B*, III, 533 ; IV, 438 ; V, 91, 421.

GARNIER, clerc de Pont-Sainte-Maxence, auteur d'une vie de Thomas Becket, *A*, IV, 215.

GASPARIN (M. de), *A*, I, 492; *B*, IV, 329.

GASSAR (Achille-Firmin), médecin d'Augsbourg et chroniqueur au XVIe siècle, *A*, V, 469.

GATIEN-ARNOULT (M.), éditeur de *las Leys d'amors*, *A*, IV, 365.

GAUCOURT (Épître de Jean Castel à Charles de), *A*, II, 472.

GAULE (De l'état civil des personnes et de la condition des terres dans la); par J.-C. Perreciot. *B*, II, 586. — (Histoire de la) sous l'administration romaine; par M. Am. Thierry, *A*, I, 574; *B*, V, 70. — (Numismatique de la) narbonnaise; par M. de la Saussaye, *A*, III, 595.

GAULOIS (La mort volontaire chez les), *A*, 548 et suiv. — La langue gauloise se rapproche, suivant Bonivard, de la langue des Germains, *B*, V, 297, 298, 302, 306. — Voy. *Carnoet, Celtique, Inscriptions, Nîmes*.

GAULUET (Pierre de Mornay, dit). Sa biographie, *B*, IV, 441.

GAUTIER LE LONG, trouvère tournaisien, *A*, V, 290.

GEISSEN (Catalogue critique des mss. de l'université de), *A*, V, 203.

GELÉE (Claude), lieutenant criminel de la prévôté de Paris, *B*, II, 436, 444.

GELLONF (Le monastère de). Voy. *Saint-Guillem du Désert*.

GENÇAY (Barthélemy de l'Isle Bouchard, seigneur de), *A*, I, 226.

GENÈVE (Fuite et séjour des Estiennes à), *A*, I, 570 et suiv. — Mémoires et documents publiés par la Société d'histoire et d'archéologie de cette ville, *A*, III, 589; V, 96; *B*, III, 445; V, 419. — Personnages comptés par erreur comme évêques de Genève, *A*, III, 590. — (Franchises de), *A*, V, 98. — (Chroniques de), par Bonivard, *B*, II, 389 et suiv. — (Hôpitaux de) au moyen âge, III, 446. — Ravages exercés sur les bords du lac de Genève, *B*, IV, 434. — Voy. *Arts*.

GÉNIN (M. F.) éditeur des Lettres de Marguerite d'Angoulème, *A*, III, 510. — Son livre des Variations du langage français, examiné et critiqué, *B*, II, 89 et suiv., 289 et suiv. — lauréat de l'Académie française, *B*, II, 597.

GÉNOIS. Leur commerce en Orient, *B*, I, 311, 485; II, 490. — Inscriptions génoises à Constantinople, 492. — en relation avec les Arabes d'Afrique, V, 140, 151.

GENTILSHOMMES *a merci de rats*, c'est-à-dire anoblis récemment, *B*, II, 394, n.

GEOFFROI DE MONTBRAI, évêque de Coutances, *B*, IV, 342 et suiv.

GEOFFROI MARTEL, comte d'Anjou, fondateur de l'abbaye de Sainte-Marie-des-Dames, à Saintes, *B*, III, 192.

GEOFFROI DE PARIS. Voy. *Godefroi*.

GÉRANDO (M. de). Sa participation à la fondation de l'École des chartes, *A*, I, 2 et suiv.; *B*, IV, 154 et suiv. — Sa mort, *A*, IV, 187. — Son éloge funèbre, par M. Beugnot, *A*, V, 299.

GÉRARD, architecte de la cathédr. de Cologne, *B*, II, 79.

GÉRARD DE LANGRES, mari d'Anne Musnier, *A*, I, 289. — Son anoblissement, 291.

GÉRAUD (Hercule), élève pensionnaire de l'Éc. des chartes, archiviste-paléographe, membre de la Soc. de l'Éc. des chartes, *A*, I, 48. — attaché à la collection des cartulaires, 317. — Son Mémoire sur Ingeburge de Danemarck obtient une médaille à l'Acad. des Inscr. et B.-L., *A*, V, 612. — Sa mort, *A*, V, 517. — Notice sur sa vie et ses travaux, *A*, V, 490. — Voy. *Livres*.

A publié dans la Bibliot. de l'Éc. des chartes : Deux chartes de Charles le Chauve, *A*, I, 205; III, 309. — Historique du glossaire de du Cange, *A*, I, 498. — Visite à la bibliot. d'Alençon, 535. — Calendrier dressé pour l'année 1381, II, 272. — Organisation des archives départem., 506. — Guillaume de Nangis et ses continuateurs, *A*, III, 17. — Les Routiers au XIIe siècle, 125. — Mercadier, 417. — Trois abbés pour une abbaye, *A*, IV, 344. — Le comte-évêque, *A*, V, 8. — Ingeburge de Danemark, *B*, I, 1 et 93. — Bulletin bibliogr., *A*, II, 83, 89, 289, 292, 404; III, 304, 309, 412, 510, 585; IV, 382, 496, 573; V, 171.

GERBEROI (Château et vidamie de) réunis à l'évêché de Beauvais en 1192, *A*, V, 31. — (Pierre, vidame de), fait une donation à l'abbaye de Saint-Lucien de Beauvais en 1190, *B*, III, 351.

GERBERT. Explication du traité de Gerbert sur l'*Abacus*, par M. Chasles, *A*, IV, 382. — (Statue élevée à), *B*, I, 573.

GERMAIN (Dom Michel). Lettres de ce bénédictin, *B*, III, 257.

GERMAINS. Leur association jurée appelée ghilde, *A*, IV, 178. — La conquête des Germains a-t-elle déterminé la formation des langues romanes? *A*, II, 531. — Leur invasion a-t-elle été la cause de la

à tort comme meurtrier de Richard Cœur de Lion, *A*, III, 433, 434. — fait hommage à Philippe-Auguste et à Louis VIII, 446.

GOURMANDER. Emploi de ce mot dans son sens propre et primitif, *B*, I, 370.

GOURNAY-EN-BRAY (Recherches histor. sur la ville de), par M. de la Mairie, *B*, I, 471.

GOURNAY (Marie de). Fac-simile de son écriture, *B*, III, 527.

GRAFIO, synonyme de *Comes*, *A*, I, 417. — Il présidait le *mallum*, *ibid.*

GRAINDOR. Voy. *Gandor.*

GRAMMAIRE (Travaux sur la). Voy. *Guessard, Wey.* — Grammaires romanes inédites, publiées, *A*, I, 125 et suiv. — Formes grammaticales du vieux français, *A*, I, 465.

GRASSEYEMENT (Conséquences du) dans l'ancien français, suivant M. Génin, *B*, II, 217.

GRAVEILLANT, bourg situé près de Carcassonne, *B*, II, 369.

GRAVURE ancienne datée, *B*, I, 483. — La plus ancienne gravure connue avec une date, par M. de Reiffenberg, *B*, II, 85.

GRÉA (Ad.), élève boursier de l'École des chartes, *B*, III, 533; IV, 188; V, 91, 421.

GRÈCE (Plan d'une insurrection de la), en 1614, *A*, II, 532. — Mémoire sur l'histoire et l'étude de la langue grecque, dans l'occident de l'Europe, depuis la fin du Ve siècle jusqu'à celle du XIVe, *B*, V, 69. — Les Grecs du Bas Empire font les premiers usage du feu grégeois vers 670, *B*, III, 338.

GRECQUE (Langue). Voy. *Inscriptions grecques.*

GRÉGEOIS (Feu). Voy. *Feu grégeois.*

GRÉGOIRE DE NYSSE, désapprouve les pèlerinages, *B*, II, 2.

GREIFSWALDE, *A*, V, 457.

GRENOBLE. Voy. *Assemblée.*

GREPPO (M.). Ses études archéologiques sur les eaux thermales ou minérales de la Gaule, à l'époque romaine, *B*, V, 78.

GRESBAN ou GREBAN (Arnoul). Son Mystère de la Passion, comparé à celui qui fut représenté à Troyes, *A*, III, 453.

GREZ (Jean de), maréchal de France, *A*, III, 12 et 15.

GRIGNAN (Madame de). Appréciation de son caractère et de ses rapports avec sa mère, madame de Sévigné, *A*, IV, 316 et suiv. — Lettres et billets de sa main, 319 et suiv.

GRIM, chapelain de Thomas Becket, cou-

vre de son corps l'archevêque, et a le bras coupé, *A*, IV, 238, 239.

GRIMBLOT (M. P.), *B*, V, 320.

GROS, monnaie, *A*, V, 122.

GROSEAU, *Grasellum*, fontaine célèbre à Malaucène, près de Vaison, *B*, IV, 328-332. — Inscription grecque, monastère, château du pape Clément V au Groseau, 329 et suiv. — Atelier monétaire, 331, 332.

GROSSIUS (Jean), auteur d'une Chronique de Bâle, *A*, V, 464, note.

GROUILLER, le même que *crouler*, *B*, II, 306.

GRUYÈRES (Comtes de), *B*, IV, 429.

GUADET (M. J.), *A*, I, 336.

GUALA, cardinal envoyé en France par Innocent III, au sujet du divorce de Philippe-Auguste avec Ingeburge, *B*, I, 109 et suiv.

GUÉRANGER (Dom Prosper), auteur des Institutions liturgiques, *A*, V, 188.

GUÉRARD (E. C. Benjamin), de l'Institut, élève de l'ancienne École des chartes, *A*, I, 44. — professeur à l'École des chartes, *A*, I, 13, 50. — membre du conseil de perfectionnement, *B*, III, 266. — officier de la Légion d'honneur, 449. — directeur de l'École des chartes, V, 169. — Son Polyptyque d'Irminon, *B*, I, 371.

A publié dans la Bibl. de l'École des chartes : Des impositions publiques dans la Gaule, *A*, I, 336. — La terre salique, III, 113. — Notice sur M. Daunou, 209. — Leçon d'ouverture de son cours à l'École des Chartes sur les Institutions et la Géographie de la France, *B*, IV, 361. — Bulletin bibliogr., *A*, II, 190; V, 188.

GUÈRE, signifie beaucoup, *B*, II, 331.

GUESCLIN (Bertrand du), confirme les priviléges de l'évêché de Tréguier, *B*, III, 237. — Sa hache d'armes, IV, 417.

GUESSARD (Francis), élève pensionnaire de l'Éc. des ch., archiviste-paléogr., membre de la Soc. de l'Éc. des ch., *A*, I, 48. — attaché aux travaux préparat. de la collection des pièces relatives à l'hérésie albigeoise, *A*, III, 518. — obtient une médaille à l'Acad. des Inscriptions et B.-L., *B*, I, 554; — un prix à l'Acad. française, II, 597 et III, 79. — répétiteur à l'École des chartes, *B*, III, 174. — membre de la Légion d'honneur, 449. — Sa mission à Rome, *B*, V, 427.

A publié dans la Bibliot. de l'Éc. des ch. : Grammaires romanes inédites du XIIIe siècle, *A*, I, 125; voy. aussi *A*

II, 93. — Examen critique de l'Histoire de la formation de la langue française, par M. Ampère, II, 478; III, 63. — Compte rendu de la séance annuelle de l'Acad. des inscriptions (1843). IV, 558. — Biographie de Pierre de Mornay, évêque d'Orléans et d'Auxerre, chancelier de France, etc., sous Philippe le Bel, V, 143. — Biographie d'Étienne de Mornay, chancelier de France sous Louis Hutin, 373. — Compte rendu de la séance annuelle de l'Acad. des inscriptions et belles-lettres (1844), 607. — Examen critique de l'ouvrage intitulé : *des Variations du langage français*, par M. F. Génin, *B*, II, 189, 289. — Compte rendu de la séance annuelle de l'Acad. des inscriptions (1846), 5 1. — *Id.* de la séance publique de l'Acad. de Rouen (1846), 580. — *Id.* de la séance annuelle de l'Acad. des inscriptions (1847), III, 510. — Gauluet, ou le Sire de Gaules, IV, 441. — Bullet. bibl., *A*, I, 574; II, 298; IV, 365.

GUIART (Notice sur Guillaume), *B*, III, 1.

GUIBERT de Nogent, *A*, IV, 304.

GUICHARD (M. Firmin), auteur d'une Histoire de la ville de Digne, *B*, III, 441 et suiv. — annonce un travail général sur les communes de Provence, 444.

GUIENNE. Voy. *Guyenne.*

GUIGNARD (Philippe), élève pensionn. de l'École des chartes, membre de la Soc. de l'Éc. des ch., *A*, IV, 296. — archiviste paléographe, *B*, I, 559. — archiviste du département de l'Aube, *A*, IV, 502. — Ses Lettres sur les reliques de saint Bernard et de saint Malachie, *B*, II, 575.

A publié dans la Bibliot. de l'Éc. des ch. : Mandement de Philippe le Long relatif aux juifs de Troyes, *B*, V, 413.

GUIGNON (Jean-Pierre), roi des ménétriers, *A*, V, 351 et suiv. — réorganise la corporation des ménétriers, 351 et suiv. — se nomme des lieutenants, *ibid.* — se démet de l'office de roi et en demande la suppression, 369.

GUILHERMY (M. de), *B*, IV, 270. Voy. *Saint-Denis.*

GUILLAUME LE CONQUÉRANT (Statue élevée à), *B*, I, 300; II, 91. — favorise le commerce, III, 21 et suiv. — (Richesse de), V, 285.

GUILLAUME (Le comte), fondateur de l'abbaye de Saint-Guillem du Désert, *A*, II, 179.

GUILLAUME LE PIEUX, duc d'Aquitaine, *B*, IV, 58. — Guillaume IX. *A*, I, 554 et suiv.; *B*, IV, 58. — Guillaume X, *ibid.* — Voy. *Aquitaine.*

GUILLAUME, dit le Charpentier, vicomte de Melun, *B*, I, 250.

GUILLAUME DE L'OLIVE, condamné comme Vaudois, *B*, III, 92.

GUILLAUME DE TYR, *A*, IV, 305.

GUILLAUME III (Lettres de), de Louis XIV et de leurs ministres, publ. par M. Grimblot, *B*, V, 320.

GUILLEBERT DE LANNOY et ses Voyages en 1413, 1414 et 1421, commentés par Joachim Lelewel, *B*, II, 277.

GUILLET-DESGROIS (M.), *B*, IV, 187.

GUINARD (M. F. Ch.), *B*, III, 533.

GUINTERNE, instrument de musique (XVIe siècle), *B*, V, 361.

GUIONAGE, terme de droit, *B*, III, 254.

GUIRLANDE de Julie, *B*, V, 427.

GUSTAVE-ADOLPHE et son temps, par Gforer, *B*, II, 81.

GUTTENBERG (Jean), inventeur de l'imprimerie. — (Essai historique et critique sur), par le chev. de Carro, *B*, III, 263.

GUY DE THOUARS, comte de Bretagne, *A*, I, 369.

GUYENNE (La), se révolte en 1368, *A*, II, 554 et suiv. — Correspondance du XIVe siècle, relative à cette province, IV, 80.

H

HABITS du clergé, *B*, III, 481. — des religieux, 487. — des religieuses, 497. — Voy. *Costume.*

HAGENBACH (Pierre de), *A*, I, 459.

HAGUENAU (Acquisition de médailles par la ville de), *B*, I, 195.

HAIBER (M.), traducteur de l'Histoire d'Innocent III, par M. Hurter, *A*, IV, 573; V, 572.

HAIMARD, trésorier de Philippe-Auguste, *B*, V, 203.

HAIMERIC, abbé de Saint-Julien de Tours, *B*, I, 441 et suiv.

HAINAUT (La comtesse de), *A*, II, 361.

HALDENBURG (Château de), *A*, I, 446.

HALLIWEL (J. Orchard). Son *Dictionary of archaic and provincial words*, *B*, I, 386. — Voy. *Reliquiæ.*

HALLMANS (M. F.), B, II, 285, 286.

HAM (Roman de), A, II, 193.

HAMBOURG. Antiquités du droit hambourgeois, par J. M. Lappenberg, B, II, 81. — Voy. encore A, V, 457 et suiv.

HANCARVILLE (D'), B, IV, 498, note.

HANGEST (Jacques de), B, I, 55.

HANOVRE (Pays de), A, V, 458.

HANSÉATIQUES (Villes), visitées par les Bohémiens en 1417, A. V, 457-460.

HANTONNE. Voy. *Southampton.*

HARCOURT (G. de), A, III, 12 et suiv.

HAREWELL (Jean), évêque de Bath et chancelier d'Aquitaine, A, II, 565 et suiv.

HARLAY (Achille de), B, II, 445 et 458.

HARPIN, comte de Bourges, l'un des premiers croisés, A, II, 445.

HASE (M.), de l'Institut, membre de la commission de l'Éc. des chartes, A, I, 50. — du conseil de perfectionnement de cette École, B, III, 175.

HASTING, chef de pirates normands, A, I, 344.

HATTON, archevêque de Cologne (Légende sur), B, IV, 240.

HAUTBOIS. — Voy. *Ménétriers.*

HAUTEFORT (Épigramme à madame d'), A, V, 321.

HÉBRAÏQUE (Langue). Progrès de son étude en Europe, au XVIe siècle, B, V, 307.

HEEREN, professeur d'hist. à l'univ. de Goettingue. Sa mort, A, III, 416.

HEINSIUS (Nic.), B, IV, 482.

HÉLIE, archevêque de Bordeaux, accusé de complicité dans les excès commis en Guyenne par les routiers, A, III, 435.

HÉLINAND, trouvère; puis moine de l'abbaye de Froidmont, A, V, 33.

HELLO (M. C. C.), A, I, 516.

HÉLOISE, supposée l'auteur d'un titre en vers du rouleau mortuaire du B. Vital, B, III, 389.

HELVETTERI, véritable nom des Suisses, selon Bonivard, B, V, 346. — Étymologie de ce nom, 347.

HÉMERY (Jeanne). Son procès avec Regnault d'Azincourt, B, III, 316.

HÉNAULT (Abrégé chronologique du président), continué par M. Daunou, A, III, 235.

HENRI II, roi de France. Portrait de ce prince, par Bonivard, B, II, 395.

HENRI III, roi de France, B, II, 546 et suiv. — (Lettre de) à Montaigne, III, 527.

HENRI IV, roi de France, B, II, 547 et suiv. — Sa politique en 1607, I, 345, 346. — (Lettres adressées à), par Montaigne, III, 527. — (Lettre de) à Mon-

taigne, *ibid.* — Collection des lettres missives d'), A, II, 596; III, 208, 416; B, IV, 86.

HENRI II, roi d'Angleterre. Sa haine contre Thomas Becket, A, IV, 225 à 229. — Ses finances, B, V, 287.

HENRI V, empereur, A, I, 440.

HENRI LE LIBÉRAL, comte de Champagne, sauvé par Anne Musnier, A, I, 289; II, 264. — Charte de lui en faveur de Gérard de Langres, A, I, 292; B, I, 334.

HENRI DE GEROLDSECK, év. de Strasbourg, reconnaît les droits et privilèges des habitants, A, I, 449, 450.

HENRIADE (La), louée par M. Daunou, A, III, 235.

HENRY (M.), B, V, 74.

HENTICA, mot de la basse latinité expliqué, B, V, 144, note 2.

HEPTAMÉRON, ou Histoire des amants fortunés; Nouvelles de la reine Marguerite de Navarre, publ. par le bibliophile Jacob, A, III, 513.

HÉRÉSIE ALBIGEOISE (Collection de pièces relatives à l'), A, III, 517.

HÉRICHER (M. Le), auteur de l'Avranchin monumental et historique, B, V, 78.

HÉRICOURT (M. Achmet d'). Voy. *Arras, Béthune.*

HERMAN (Martin), peintre, B, III, 448.

HERMIÈRES (L'abbaye d') échange une tenure en censive contre une tenure en fief, B, IV, 520.

HÉRON (Jean), chevalier anglais, l'un des combattants de Montendre, A, I, 377.

HÉRON DE VILLEFOSSE (Et.), élève de l'École des chartes, B, III, 533. — archiviste paléographe, V, 255. — Sa thèse sur le roman de l'Image du monde, 246.

HERRADE DE LANDSBERG, abbesse de Hohenbourg, auteur du *Hortus deliciarum*, A, I, 239, 242, 260.

HERVÉ, vicomte de Melun, B, I, 249.

HESSE, visitée par les Bohémiens en 1418, A, V, 460, 461.

HESSELIN (Denis), élu de Paris, incarcéré en 1499, B, II, 36.

HEST (Lorens du), faiseur de harpes à Paris, A, IV, 530.

HIATUS. Nos pères ne le craignaient pas, selon M. Ampère, A, III, 90; — en avaient horreur, suivant M. Génin, B, II, 226.

HIERO KOMIO, près de Patras, en Morée. Donation de ce monastère à l'abbaye de Cluny, B, V, 308.

HILDEGAIRE, évêque de Meaux, auteur

I

Jacobi a Voragine *Legenda aurea*, publiée par J. G. Th. Graesse, *B*, I, 292.

Jacobins (Couvent des), à Dijon. Son droit d'asile violé. Ses priviléges, *B*, II, 255 et suiv.

Jacobs (Alfred), élève boursier de l'Ecole des chartes, *B*, IV, 187; V, 91, 124.

Jacques V. roi d'Ecosse. Voy. *Liber domicilii*.

Jacques de Gysoing, trouvère, *A*, V, 290.

Jaffa (Ruines franques près de), *B*, II, 501.

Jal (Archéologie navale, par M.), *B*, III, 354; IV, 245.

Jambes (Jean de). Voy. *Chambes*.

Janin (Eugène), élève pensionnaire de l'Ec. des ch., membre de la Soc. de l'Ec. des ch., *A*, II, 309. — archiviste paléographe, IV, 569. — chargé de classer les archives du département de Loir-et-Cher, *B*, I, 480. — auxiliaire de l'Académie des inscriptions, III, 270.

A publié dans la Bibl. de l'Ec. des ch.: Lettre adressée à la commune de Saint-Quentin, par Jean de Ribemont, clerc du parlement, *B*, III, 155. — Documents relatifs à la peine du bannissement aux XIIIe et XIVe siècles, 419. — Bull. bibliog., *B*, V, 80.

Jargeau (Prise de), *B*, II, 156; III, 507.

Jean, roi de France, prend possession de la Bourgogne, *A*, IV, 559.

Jean, chanoine de Coutances, écrivain du XIIe siècle, *B*, IV, 342 et suiv.

Jean, chanoine de Saint-Victor, annaliste (Extrait de), *A*, III, 8.

Jean II, duc de Bourbon (Epîtres à), *B*, V, 111, 114, 122. — Vers sur son fou, *ibid.*, 123.

Jean VI, duc de Bretagne, confirme les priviléges de l'évêché de Tréguier, *B*, III, 239.

Jean (Jacques), épicier et bourgeois de Paris, vend au duc Louis d'Orléans deux manuscrits, *A*, V, 67.

Jean d'Assida, évêque de Périgueux. Son tombeau dans l'église de Saint-Etienne, *B*, IV, 54.

Jean de Bruges. Voy. *Eyck* (Jean van).

Jean de Douay, trouvère, *A*, V, 290.

Jean de Tamboc, dit que la mort n'est point un mal, *A*, IV, 457.

Jean sans Peur, duc de Bourgogne, *B*, II, 256. — enlève Isabelle de Bavière dans l'église de Marmoutier, V, 337. —

— Ses restes trouvés dans l'église de Saint-Bénigne de Dijon, *A*, II, 595.

Jean sans Terre, roi d'Angleterre, *A*, I, 370. — Son procès fut-il décidé par les seuls pairs de France? *B*, IV, 298 et suiv. — Mémoire sur l'arrêt de la cour des pairs de France qui le condamna, V, 1. — Ses finances, 289. Voyez *Rôles*.

Jeanne d'Arc (Mémoire justificatif de Thomas Basin pour), *A*, III, 333. — (Fragment de Chastellain sur la prise de), IV, 67. — Lettre de Jeanne aux habitants de Riom, V, 519. — (Opposition du gouvernement de Charles VII à), *B*, II, 146. — Sa vie d'après Perceval de Caigny, 149 et suiv. — Ses exploits à Orléans, III, 500 - 509. — Orthographe de son nom, *A*, IV, 486. — Épisode de sa vie, *ibid*. — Après son supplice, on refuse de croire à sa mort, *B*, III, 116. — (Statue élevée à), *B*, IV, 189. — (Armure de), 417.

Jeanne de Constantinople, comtesse de Flandre (Histoire de), *A*, III, 295.

Jérémie, en Syrie (Ruines franques près de), *B*, II, 502.

Jérôme (Saint), *B*, II, 3.

Jérusalem (Siége de) par les croisés, *A*, II, 456. — Grand nombre de pélerins qui y viennent avant les Croisades, II, 2. — (Description du temple de), *B*, IV, 385, 391. — (Du Saint-Sépulcre à), IV, 391. — (Monuments francs de), II, 502. Voy. *Saint-Sépulcre*. — (De la jurisprudence dans le royaume de) au XIIIe siècle. Voy. *Assises*.

Jetoirs, *B*, III, 525 et 526.

Jeu de Paume de Versailles (Salle du), monument historique, *B*, IV, 360.

Jeux défendus, *B*, III, 481.

Jeux Floraux, *A*, I, 150. — Leur origine, IV, 365. — (Académie des) à Toulouse. Prix proposé par elle, 588.

Jhota (Jacques de), banquier pisan, auquel Richard Cœur de Lion emprunte des sommes considérables, *A*, V, 14, 36.

Jolly (M. Eugène), *B*, IV, 187, 530; V, 92, 421.

Jongleurs. Voy. *Ménétriers*. — (Rue des), *A*, III, 378, 379; V, 372.

Jornandès (Vers adressés à), *A*, II, 146. — Ses ouvrages traduits, par M. A. Savagner, IV, 392.

Josselin Ier, vicomte de Melun, *B*, I, 249.

JOUBERT (Dom), ancien bénédictin, employé aux archives sous l'Empire, *B*, II, 75; III, 415.

JOUER à Bernart le Beccant, *A*, IV, 287.

JOURSANVAULT (Archives de M. de), *A*, I, 516; *B*, V, 439.

JOUX (Vallée et abbaye de), *B*, IV, 429.

JOYAUX de femme au XVI° siècle, *A*, III, 166, 167.

JUDEX (Du) au moyen âge. *B*, IV, 219 et suiv.

JUGEMENT rendu en faveur de l'église de Saint-Léonard de Bellême contre le comte de Rotrou, par les *proceres* et *burgenses* de Bellême, *A*, I, 545.— Jugement lombard de l'an 762, *B*, III, 43.

JUGES. Comment ils étaient représentés sur les monuments figurés du moyen âge, *B*, V, 36.

JUIFS, serfs de l'église de Strasbourg, *A*, I, 447.— (Les) de Niort, II, 153, 167.— Leurs suicides au moyen âge, IV, 461.— (Cimetière des), à Dijon, IV, 557.— Mandement de Philippe le Long contre les Juifs de Troyes, *B*, V, 413.— Hist. de la littérat. juive au moyen âge, par M. Zunz, *B*, II, 186.— Du Juif errant, par M. Coremans, 84.— Voyez *Croisades*.

JUPITER, dans Vital de Blois, *B*, IV, 486 et suiv.

JURIDICTION municipale de Strasbourg, supérieure à celle de l'évêque, *A*, I, 450.— ecclésiastique. Ses empiétements sur la juridiction royale, *B*, III, 287 et suiv.— du roi des ménétriers sur les ménétriers des diverses villes de France, *A*, IV, 534 et suiv.

JURIDICTIONS privées ou patrimoniales, sous les deux premières races, *A*, II, 97. Voy. *Immunité*.

JURISPRUDENCE dans les royaumes de Jérusalem et de Chypre au XIIIe siècle, utile pour l'étude de la jurisprudence de l'Europe aux XIe et XIIe siècles, *A*, II, 289, 291, 292.— Voy. *Assises*.

JURY. Ses rapports avec l'assise au moyen âge. *A*, I, 545.

JUSTICE (Des droits de), *B*, IV, 193.— Attributs avec lesquels on la représentait dans l'antiquité et le moyen âge, *B*, V, 37.

JUSTICIERS itinérants sous les Plantagenets, *B*, V, 265.

K

KARISIACUM, *villa regis palatii*, *A*, I, 213.

KAROUBE, espèce de monnaie, *A*, V, 123.

KEMPIS (Thomas a) est-il l'auteur de l'Imitation? *B*, II, 85.

KERDREL (Audren de), élève pensionnaire de l'Ecole des chartes, membre de la Société de l'Ec. des chartes, *A*, II, 399, 407.— Son discours à l'Assemblée nationale en faveur de l'Ecole des chartes, *B*, V, 85.

KIMBOURG (Comté de), *A*, I, 446.

KOPP. Ses travaux paléographiques sur les notes tironiennes, *B*, I, 443 et suiv.

L

L redoublée. Comment se prononçait-elle dans l'ancien français? *B*, II, 213.

LABORDE (M. Léon de). Voy. *Académie*, *Arts*.

LABOULAYE (M. Ed.). Note de lui sur les éditions du grand Coutumier de Charles VI, *B*, V, 45, note.— Voy.: *Académie des Inscrip.*, *Femmes*, *Institutes coutumières*, *Propriété*, *Romains*.

LACABANE (Léon), élève de l'ancienne Ecole des chartes, employé à la Bibliothèque royale, *A*, I, 43.— Président de la Soc. de l'Ec. des ch., *A*, I, 407; II, 407; III, 415; IV, 395; V, 410; *B*, I, 387; II, 382; III, 359; IV, 360; V, 322.— chevalier de la Légion d'honneur, *B*, I, 478.— professeur à l'Ecole des chartes, III, 174.— Voy. encore *A*, V, 517.

A publié dans la Biblioth. de l'Ec. des chartes les articles suivants: Mémoire sur la mort d'Etienne Marcel, *A*, I, 79 et suiv.— Recherches sur les auteurs des grandes Chroniques de France, dites de Saint-Denys, II, 57 et suiv.— Conséquences historiques d'une erreur de nom, 554 et suiv.— Dissertations sur l'histoire de France au XIVe siècle; mort de Philippe le Bel; avénement de Louis Hutin, III, 1.— De la poudre à canon, et de son introduction en France, *B*, I, 28 et suiv.

La CALLE, en Algérie, *B*, V, 135.

LACROIX (M. Paul), dit *le bibliophile Jacob*, éditeur des Nouvelles de la reine Marguerite de Navarre, *A*, III, 513. — Voy. *B*. III, 359, 463, 536.

LA DEHORS (Pierre de), *B*, V, 226.

LA FONTAINE (Autographe de) trouvé à Château-Thierry, *A*, V, 104.

LAGACHE (M. Ludovic), *B*, IV, 187; V, 92, 421.

LAGET DE HASENBAUMER, élève pensionnaire de l'Éc. des ch., membre de la Soc. de l'Éc. des ch., employé à la section judiciaire des Archives nationales, *A*, I, 49. — archiviste-paléographe, II, 589. A publié dans la Bibl. de l'Éc. des ch. un article bibl., *A*, II, 195.

LAGNY (Récit de la délivrance de), en 1432, *B*, I, 137.

LAGRISE (Pierre), abbé de Saint-Martial de Limoges, *A*, IV, 347 et suiv.

LA HARPE (Notice sur), par M. Daunou, *A*, III, 227 et suiv. — Edition de son *Lycée*, 235.

LAJAZZO, ville de la Petite Arménie, *B*, I, 310, 490.

LALANDE (Lettre de) sur le calendrier républicain, *B*, I, 195.

LALANNE (Ludovic), élève pensionnaire de l'École des chartes, membre de la Soc. de l'Éc. des ch., *A*, II, 407. — attaché à la coll. des mon. inéd. de l'hist. du tiers état, *B*, II, 597. — obtient une médaille, à l'Acad. des Inscr. et B.-L., pour un Essai sur l'origine du feu grégeois, *A*, II, 93. — expert dans l'affaire Libri, *B*, IV, 358. — Voy. *Curiosités, Feu grégeois.*

A publié dans la Biblioth. de l'Éc. des chartes les articles suivants : Nom donné à la Marne par un poète du XIIe siècle, *B*, I, 169. — Des pèlerinages en Terre Sainte avant les croisades, II, 1. — Controverse à propos du feu grégeois, III, 338, 440, 523. — Bulletin bibliographique : *A*, II, 509; IV, 291, 392, 492; V, 200, 511; *B*, I, 289, 294, 380, 461, 554; II, 79, 81, 86, 460, 467; III, 522, 525, 528; IV, 261.

LAMBERT LE BÈGUE, prêtre de Liège, fondateur des béguinages, *B*, II, 286.

LAMBERT LI TORS, auteur du roman d'*Alexandre*, *B*, III, 351.

LAMPE en terre cuite, *B*, IV, 316.

LANCELOT DU LAC (Epée attribuée à), *B*, IV, 416.

LANDRESSE (Ernest CLERC DE), élève de l'ancienne École des chartes, *A*, I, 43. — bibliothécaire de l'Institut, *A*, V, 204.

LANGLOIS (M.), *B*, V, 169, 421.

LANGRES (Les marques de la magistrature de), *A*, I, 313. — (L'évêque de), membre du conseil des états de 1358, II, 382.

LANGUEDOC (État du) au commencement du règne de Charles VII, *B*, I, 125 et suiv.; 145 et suiv. — (Les Etats de), 160, 161, 216. — Mode d'élection des députés aux états généraux, dans le Languedoc, II, 427. — Rareté des monuments de son droit coutumier, II, 99.

LANGUE. Mots et caractères grecs employés dans des chartes latines du moyen âge, *B*, I, 444-449. — Influence de la langue vulgaire en France, dans les chartes latines du XIIIe siècle, *A*, I, 541. — Extension de la langue française, *B*, II, 544. —· limousine, *A*, I, 151; — comparée à la langue française, *ibid.* — (Études sur la) française, *A*, I, 460. — Histoire de sa formation, par M. Ampère; critiquée par M. Guessard, II, 478; III, 63. — latine, s'est altérée, comment et pourquoi? II, 483 et suiv. Voy. *Latin.* — Système de M. Raynouard sur l'origine des langues romanes, II, 515. — De la négation dans les langues romanes, *B*, V, 244. — Mémoire sur l'hist. et l'étude de la langue grecque dans l'Occident, par M. Renan, *B*, V, 69. — Révolutions du langage en France, par M. Wey, *B*, IV, 275. — Advis et devis des langues; traité de philologie, composé à Genève en 1563 par Fr. de Bonivard, *B*, V, 298 et 339. — Changements et mouvement continuel des langues, 297 et suiv. — Chaire pour l'enseignement des langues et littératures de l'Europe méridionale, au collège de France, *A*, II, 585. — Documents écrits en langue d'oc et en langue d'oïl. Voyez la *Table chronologique des documents*, publiée ci-dessus, pages 1 et suiv. — Voy. *Française* (langue), *Gand, Synthèse, Toscane.*

LANLEFF (Prétendu temple druidique à), *B*, I, 573.

LANNOY. Voy. *Guillebert de Lannoy.*

LAO (?), rivière traversée par les Bohémiens fuyant d'Egypte, *A*, V, 452.

LAON. Tentative de Robert le Coq pour livrer cette ville à Charles le Mauvais, *A*, II, 362. — (Lettre de la commune de) au maire et aux jurés de Saint-Quentin, *B*, III, 422-425. — (Evêques de). Voyez *Le Coq.* — Hist. de la ville de) et de ses institutions, par M. Melleville, *B*, III, 527.

LAPPENBERG (M. J. M.). Voy. *Hambourg.*

LARCHIER (Guillemin), artilleur du roi, *B*, I, 53. — (Raymond), 44 et 51.

LARDIÈRES (Brunelle de), I, 59. — (Anculphe et Pierre de), 73.

LAROMIGUIÈRE (Notice sur M.), par M. Daunou, *A*, III, 227.

LASTEYRIE (M. Ferdinand de). Son Histoire de la peinture sur verre en France, *A*, II, 587. — Ses discours à la Chambre des députés et à l'Assemblée constituante en faveur de l'Ecole des chartes, *A*, V, 616; *B*, II, 469; V, 83.

LATILLY (Pierre de), évêque de Châlons et chancelier de France; accusé, se justifie, *A*, III, 11.

LATIN. Comment et pourquoi s'est-il altéré? *A*, II, 483 et suiv. — dans les couvents d'hommes au XIIIe siècle, *B*, III, 491. —dans les couvents de femmes. Voyez *Femmes*, *Fontevraud*. — Inhabileté du moyen âge à employer le latin, et des savants du XVIe siècle à comprendre le latin du moyen âge, V, 304, 339 et suiv.

LATINITÉ (Basse et moyenne). Voy. *Glossaire*.

LA TOUR (Pierre de), *B*, II, 369 et suiv.

LAUNA, petit bras de rivière, *B*, I, 170.

LAUNIA, nom donné à la Marne par Gilles de Paris, *B*, I, 170; **V**, 439.

LAUNICHILD. Voy. *Thinx*.

LAUSANNE (Cartulaire de), *A*, II, 512. — Recueil des chartes de l'évêché de cette ville, *B*, IV, 431. — (Droits de l'évêque de), *ibid.*

LA VACHE (Jacques), *A*, II, 379.

LAVAL (Essai historique sur le pays et la ville de), *B*, I, 375. — (Archives du dép. de la Mayenne, à) *A*, I, 407.

LA VALLIÈRE (Le duc de), *B*, III, 535; IV, 480.

LAZARISTES (Les) ou Arméniens de Venise, éditeurs de la traduction de Moïse de Khorène, faite par M. Levaillant de Florival, *A*, III, 589.

LE BAS (M. Philippe), de l'Institut, a publié dans la Bibliothèque de l'Ecole des chartes, des fragments inédits de deux romans grecs, *A*, II, 409. — Sa mission en Grèce, *B*, I, 194.

LEBEUF (L'abbé) réfuté, *A*, II, 59 et suiv.; *B*, II, 74, note 3.

LE BEURIER (L'abbé), élève pensionnaire de l'Ecole des chartes, *B*, I, 298. — membre de la Soc. de l'Ec. des ch., II, 288. — archiviste paléographe, III, 175, 516.

LEBRUN (Frère Matthieu), chroniqueur de Saint-Denis, *A*, II, 466.

LE CARON, élève boursier de l'Ecole des chartes, *B*, V, 169, 421.

LE CAUCHETEUR (Colart), orateur des bonnes villes aux états généraux de 1357, *A*, II, 353.

LECOINTRE-DUPONT (M.), *B*, V, 178 et suiv. — Voy. *Poitou*.

LE COQ (Robert), évêque de Laon, partisan du roi de Navarre, et l'un des principaux instigateurs des troubles des années 1356, 1357 et 1358. —Acte d'accusation dressé contre lui, *A*, II, 356 et suiv. —Sa biographie, 360.

LE FÈVRE (Henri), commissaire-examinateur au Châtelet, *A*, V, 485.

LE FORT (Guill.), *B*, II, 369 et suiv.

LEGENDA AUREA. Voy. *Jacobi a voragine*.

LEGENTIL (M.), *B*, V, 169.

LÉGER (Saint), évêque d'Autun, *B*, IV, 266; V, 74, 78.

LEGLAY (Edward), élève pensionnaire de l'Éc. des ch., archiviste paléog., membre de la Soc. de l'Éc. des ch., *A*, I, 47. — conservateur-adjoint des archives du département du Nord, chevalier de l'ordre de Léopold, *A*, V, 520. — conseiller de préfecture, *B*, II, 187. — sous-préfet à Tournon, III, 176. — Son Hist. des comtes de Flandre, *B*, I, 372.

LEGOFIDEC (Monument élevé à), *B*, II, 88.

LEHUÉROU. Voy. *Mérovingiens*.

LEIPSIG, visitée par les Bohémiens en 1418, *A*, V, 460, 461.

LELONG (Erreur du P.), *B*, V, 400, note 2.

LE LORRAIN (Pierre), monnayeur, *A*, V, 487.

LE MESLE (M. Georges), *B*, IV, 186.

LENOBLE (Alexandre), élève de l'ancienne École des ch., membre de la Soc. de l'Ec. des ch., *A*, I, 43.

A pub. dans la Bibl. de l'Éc. des ch. : Notice sur le *Hortus deliciarum*, *A*, I, 259. — Note sur l'édit de Paris de 1563, II, 286. — Lettre d'Abailard à Héloïse, III, 172. — Bull. bibliogr., *A*, I, 103; III, 302; V, 516; *B*, II, 82.

LENOIR (M. Albert). Voy. *Architecture*.

LENORMANT (M. Ch.), conservateur au départ. des médailles de la Bibliothèque royale, *A*, I, 582. — Appréciation et extraits des divers rapports par lui faits à l'Institut, au nom de la Commission des antiquités nationales, *A*, IV, 558; V, 608; *B*, II, 571; III, 510; V, 70, 425.

A publié dans la Bibl. de l'Ec. des ch. : Restitution d'un poëme barbare relatif à des événements du règne de Childebert Ier, *A*, I, 321. — Traité de l'office du podesta, II, 313.

M

enses, A, IV, 7. — Sa correspondance avec l'Italie, publiée par M. Valery, B, III, 257.

MACHAUT (Guillaume de). Extraits de ses poésies, A, V, 421 et suiv.; B, I, 494.

MACON (Warin, comte de), IXe siècle, A, I, 213. — *De urbe et antiquit. Matisco-nensibus*, par J. Fustaillier, trad. par M. Baux, B, III, 265. — Voy. *Mascon*.

MAGICIENS, B, III, 102, 103.

MAGNE (Tentative d'insurrection dans le), A, II, 532 et suiv.

MAGNIMONTENSIS *pagus*, le Mesmontais, A, IV, 550, 551.

MAGNIN (M. Ch.), de l'Institut, a publié dans la Bibl. de l'Éc. des ch. : Fragment d'un comique du VIIe siècle, A, I, 517. — auteur d'une note relative à la Bibl. nationale, B, V, 381.

MAHIEUS DE GANT, trouvère, A, V, 291.

MAHOMET réprouve le suicide, A, IV, 242.

MAÏ (Le cardinal Angelo). Son édition de l'Amphitryonéide de Vital de Blois, B, IV, 474.

MAILLARD DE CHAMBURE (M.). Fouilles qu'il fait exécuter dans l'église Saint-Bénigne de Dijon, A, II, 595.

MAILLART (Jean), auteur de la révolution qui sauva Paris pendant la captivité du roi Jean, A, I, 80 et suiv.

MAILLEZAIS (Fragments inédits d'une chronique de), A, II, 148. — Notes sur des critiques relatives à cette publication, III, 109 et 204. — (Ancienne bibliothèque de), II, 150, 151.

MAILLOTINS ou MAILLETS (Ballade d'Eust. Deschamps sur la sédition des), B, I, 367-370.

MAINARD, abbé de Saint-Julien de Tours, B, I, 441 et suiv.

MAINE-ET-LOIRE (Archives du département de), A, III, 402.

MAINIER, abbé de Saint-Florent de Saumur, B, I, 441 et suiv.

MAIN-MORTE (Gens de), déclarés incapables de posséder des immeubles en France, A, V, 592. — Sévérité de l'édit du 16 avril 1639 à leur égard, *ibid*.

MAINNEVILLE, A, II, 369.

MAINTENON (Yon de), A, III, 53, note 2.

MAIRES DU PALAIS, B, IV, 365, 376.

MAISTRE (Le président LE), B, II, 453 et 458.

MAÎTRES DE LA CITÉ, chefs de la municipalité à Strasbourg, A, I, 443, 447, 449.

MAÎTRES des œuvres de la ville de Paris, en 1499, B, II, 38.

MAÎTRISE de salle, A, V, 260, 345, 357.

MAIZIÈRES (Philippe de), A, V, 423.

MAJORCAIN (Dictionnaire), B, I, 386.

MAJORITÉ féodale, A, IV, 286; B, II, 272.

MALAUCÈNE, ville du département de Vaucluse. Ses inscriptions, ses antiquités, ses origines, B, IV, 324-332. — Ses églises, 330.

MALEMORT, autrefois Beaufort, château du Limousin, A, III, 132.

MALHERBE (Autographe de), B, V, 172.

MALIPIERO (Pascal), doge de Venise, A, III, 185.

MALLET (M. Ed.), A, III, 590; V, 97 et 98; B, III, 447; V, 416.

MALLUM. Sens et étymologie de ce mot, A, I, 410 et suiv. — Différentes espèces de *Mallum*, *ibid*. — Formes de la procédure suivie devant chacun d'eux, *ibid*.

MALTE (Documents sur les archives de), B, II, 567; III, 206.

MAMISTRA, ville de Cilicie occupée par les croisés, A, IV, 514.

MANASSÈS, vicomte de Melun, B, I, 253.

MANCHE (Hist. des guerres de religion dans la), B, I, 471.

MANCINEL, A, IV, 461.

MANGEART (M.), traducteur de Censorinus, A, V, 200.

MANNIRE (*De*), titre premier de la loi salique, expliqué, A, I, 409 et suiv. — Étymologie de ce mot, A, I, 422.

MANNITIO. Voy. *Ajournement*.

MANNOURY, famille de Normandie favorisée par Louis XI, A, III, 360 et suiv.

MANOSQUE (Ville de), B, V, 409, 410.

MANS (Valeur des deniers du), B, V, 196, 205. — (Géographie ancienne du diocèse du), par M. Cauvin, B, I, 554. — (Cathédrale et musée du), B, II, 185; V, 424.

MANTELL (Jacques). Sa signature, B, IV, 482.

MANTOUE (Concile de), A, III, 184, 194.

MANUMISSION (Acte de), B, III, 31.

MANUSCRIT du IVe siècle, A, II, 306, 307. — des Épîtres de saint Jérôme, B, I, 92. — de la chanson d'Antioche, A, II, 441. — des poëmes français sur Thomas Becket, IV, 214. — Ventes de Mss., IV, 297; V, 519; B, II, 91, 383; III, 461; IV, 191. — Les Manuscrits français de la Bibliothèque du roi, etc., par M. P. Paris, A, I, 579; III, 507; B, I, 195; IV, 524. — Manuscrits grecs acquis en Orient par M. Minoïde Minas, V, 300.

MARCA (Pierre de). Graves circonstances dans lesquelles il publie son livre *De Concordia sacerdotii et imperii*, A, V, 597 et suiv.

MARCEL (Étienne), prévôt des marchands de Paris, *A*, II, 352 et suiv. — fait prendre aux Parisiens des chaperons mi-partis bleu et rouge, 357; — les convoque à Saint-Jacques de l'Hôpital, *ibid.* —Mémoire sur sa mort, *A*, I, 79.

MARCELLIN (Saint), apôtre des Alpes-Maritimes. Légende de sa vie, *B*, V, 399.

MARCHEGAY (Paul), élève pensionnaire de l'École des ch., archiviste-paléographe, membre de la Soc. de l'Éc. des ch., *A*, I, 48.— archiviste du départ. de Maine-et-Loire, *A*, II, 199.— découvre le nom de l'auteur des peintures de Saint-Aubin d'Angers. *B*, III, 271. — Ses travaux aux archives du département de Maine-et-Loire, III, 412. — obtient de l'Institut une médaille pour son Recueil des archives d'Anjou, *A*. V, 609; *B*, II, 575. -- Voy. encore *B*, II, 593.

A publié dans la Bibl. de l'Éc. des ch. les articles suivants : Duel judiciaire entre des communautés religieuses (1098), *A*, I, 552. — Fragments inédits d'une chronique de Maillezais, II, 148. — Translation des reliques de saint Florent de Roye à Saumur, III, 475.— Bulletin bibliogr., *A*, II, 193; V, 294.

MARCHÈS (Aimerigot), chef de compagnies, au XIVᵉ siècle, *A*, III, 268.

MARCHESELLI, *B*, IV, 479.

MARCHÉS et foires. Impositions qui s'y percevaient, *B*, IV, 206 et suiv.

MARCK, MÆRCHE, mots bretons (signifiant cheval, jument) usités chez les Gallo-Grecs, *B*, V, 298.

MARCS (Rapports des différents), *B*, V, 193.

MARCUARD, abbé de Fulde, *B*, I, 381.

MARCULFE, auteur d'un recueil de formules. Manuscrits qui ont servi à ses éditeurs, *A*, IV, 4. Voy. *Appendix*.

MARGUERITE d'Angoulême (Lettres de), sœur de François Iᵉʳ, publ. par M. Génin, *A*, III, 510.

MARGUERITE D'AUTRICHE (Correspondance de) avec Philippe II, publ. par M. de Reiffenberg, *A*, V, 196.

MARGUILLIERS laïques des églises de Paris (Thèse sur les), soutenue par M. Boisserand à l'École des chartes, *B*, V, 243.

MARIAGE. Partage des biens entre époux après sa dissolution (XIVᵉ siècle), *B*, I, 417. — Le mari délinquant encourt la perte des meubles de sa femme et des conquêts communs, 419, 420.— Le mari est mandataire légal et nécessaire de sa femme, 431.— Traité du contrat de mariage, par M. P. Odier, *B*, III. 161

MARIGNY (Enguerran de) rend ses comptes, est injustement condamné, *A*, III, 8 et suiv. — Commissions chargées de vérifier ses comptes, 9, 12 et 15; V, 378. — (Jean de), évêque de Beauvais, son frère, *A*, III, 12.

MARIN D'ARBEL (Euphranor), élève de l'ancienne École des chartes, membre de la Société de l'Éc. des ch., *A*, II, 585.

MARION, avocat au parlement de Paris, *B*, II, 441 et suiv.

MARION (Jules), élève pensionnaire de l'École des chartes, *A*, IV, 296. — archiviste-paléog., *B*, I, 559. — membre de la Soc. de l'Éc. des ch., *ibid.* — attaché aux travaux de publication des Cartulaires de France, V, 298. — membre de la commission des archives, *B*, III, 449. — Sa notice sur la cathédrale de Laon, 528.

A publié dans la Bibl. de l'Éc. des ch. les articles suivants : Notice sur l'abbaye de la Bussière, *A*, IV, 549. — Rapport au roi sur les doléances du clergé aux états généraux de 1413, *B*, I, 277. — Procès criminel intenté à Jean de Bauffremont par la commune de Dijon, II, 254. — Notes d'un voyage archéologique dans le sud-ouest de la France, III, 177 ; IV, 46. — Note sur les églises de Verneuil-sur-Seine et de Médan, 144. — Bull. bibl.: *A*, V, 508; *B*, I, 477, 563 ; II, 586; IV, 266.

MARIUS (*Sextus*), dans une inscription antique, *B*, IV, 314, note 3.

MARLBOROUGH (Découverte de la correspondance du duc de), *A*, IV, 588.

MARLE (Regnault de), président au parlement, *A*, V, 481.

MARLY. Voy. *Thibault de Marly*.

MARMANDE (Exécution faite à) de plusieurs femmes accusées de sorcellerie, en 1453, *B*, V, 372-377.

MARMOUTIER, près Tours, abbaye, *A*, I, 552.

MARNE (Nom donné à la), par un poète du XIIIᵉ siècle, *B*, I, 169.

MARNIER (M. A. J.), éditeur du Conseil de Pierre de Fontaines, *B*, II, 271 et suiv. — Voy. *Coutumes*.

MAROC, en relation avec les chrétiens au moyen âge, *B*, III, 518 ; V, 135.

MAROT (Clément), a pillé le poète Henri Baude, *B*, V, 97, 103, 106.

MARQUE (Peine de la) prononcée, au XIVᵉ siècle, contre un voleur, *B*, III, 421, 424.

MARSAIS (Lucas de), auteur présumé de la chronique de Maillezais, *A*, II, 152.

MARSEILLE (Inscription phénicienne trouvée à) en 1845, *B*, IV, 426. — Dans l'antiquité on y gardait du poison aux frais du public pour ceux qui voulaient se donner la mort, *A*, III, 551. — Son commerce en Orient, *B*, I, 306. — Ses relations avec l'Algérie, au moyen âge, *A*, II, 389. — (Pétition relative aux archives de la ville de), *B*, I, 387. — Voy. *Provence*.

MARSI (Léon de), *Leo Marsicanus*, évêque d'Ostie, auteur d'une chronique du Mont-Cassin, au XIIe siècle, *A*, I, 308.

MARTEAU, sieur de la Chapelle, prévôt des marchands de Paris, est élu député de la ville de Paris aux états généraux de 1588, *B*, II, 433 et suiv.

MARTIAL (Vers faussement attribués à), *A*, II, 123.

MARTIN (L'abbé J. C.), auteur d'un recueil d'inscriptions de Vaison, *B*, IV, 305.

MARTONNE (Alfred de), élève pensionnaire de l'Éc. des chartes, *A*, IV, 296. — membre de la Soc. de l'Éc. des chartes, *ibid.* — professeur d'histoire à Draguignan, *B*, V, 92.

MARTY-LAVEAUX (Charles), élève boursier de l'Éc. des ch., *B*, III, 268, 599; IV, 188. — archiviste paléographe, V, 255. — membre de la Soc. de l'Éc. des ch., 322. — Sa thèse. Voy. *Virgilius Maro*. A publié dans la Bibl. de l'Éc. des ch. un art. bibliog., *B*, V, 377.

MARUGES (Étienne de), nom donné par erreur au chancelier de France Étienne de Mornay, *A*, V, 373.

MARY-LAFON. Son Histoire du midi de la France, *A*, IV, 273.

MASCON (Josseran de), *A*, I, 91.

MAS-LATRIE (Louis de), élève pensionnaire de l'Éc. des chartes, *A*, I, 49. — attaché à la publication des *Olim* du parlement de Paris, II, 200; *B*, IV, 438. — chargé de diverses missions littéraires, *A*, I, 216; *B*, I, 480; II, 92, 382, 468. — archiviste-paléogr., *A*, II, 589. — remporte un prix à l'Acad. des Inscr. et B.-L. pour son Histoire de Chypre, IV, 559. — secrétaire-trésorier de l'Éc. des ch., *B*, III, 174. — expert dans l'affaire Libri, IV, 358. — répétiteur général à l'Éc. des ch., V, 389.

A publié dans la Bibl. de l'Éc. des ch.: Diplôme inédit de Charles, roi de Provence, de l'an 862, *A*, I, 491. — Chartes relatives aux états de Bone et de Bougie, en Afrique, II, 388. — Notice sur les monnaies et les sceaux des rois de Chypre de la maison de Lusignan, V, 118, 413. — Des relations politiques et commerciales de l'Asie Mineure avec l'île de Chypre, sous les Lusignan, *B*, I, 301, 485; II, 121. — Notes d'un voyage archéologique en Orient, II, 489. — Documents sur le commerce maritime du midi de la France, III, 203. — Bulle de l'an 1290, relative à la ville de Tlemsen, en Algérie, III, 517. — Charte de nolissement de l'an 1264, pour un voyage de Pise à Bougie, IV, 244. — Lettre à M. Beugnot sur les sceaux de l'ordre du Temple, et sur le temple de Jérusalem au temps des croisades, IV, 385. — Documents relatifs à l'histoire de l'Algérie au moyen âge. Relations avec les Pisans, V, 134. — Donation à l'abbaye de Cluny du monastère de Hiero-Komio, situé près de Patras, en 1210, V, 308. — Bulletins bibl., *A*, II, 89; III, 409, 414; IV, 288; *B*, I, 560; III, 159, 354; IV, 270, 434, 436. — Voy. *Saint-Étienne-du-Mont*.

MASMOUNIS, puissante tribu berbère, en Afrique, *B*, V, 137, 138.

MASQUE. Privilége de se masquer à Rouen, *A*, I, 107.

MATHILDE, abbesse de Caen (Rôle funèbre de), *B*, III, 379 et 394.

MATRONA ou *Materna*, la Marne, synonyme de *Launia*, *B*, I, 170, 171, 172.

MATRONES JURÉES, *B*, IV, 513.

MATTHIEU (Le comte). Voy. *Beaumont-sur-Oise*.

MATTHIEU PARIS. Importance et autorité de sa chronique, *B*, V, 5, 22. — traduit par M. Huillard-Bréholles, *A*, II, 89.

MAUGOUVERNE (Abbé de), *A*, I, 105.

MAUZY (Baronie de), *B*, V, 222.

MAURECARD (Me Raymond de), écolier de l'Université de Paris, *A*, V, 480.

MAURITANIE (Occupation romaine de la), *B*, V, 76.

MAVORTIUS (Centon virgilien du poëte), *A*, II, 130.

MAXIMIN, évêque arien, *A*, II, 306, 307.

MAYENCE (Journal de la Société établie à) pour l'hist. et les antiquités rhénanes, *B*, II, 82.

MAYNARD (Fr.). Ses poésies, *B*, V, 426.

MAZARIN. Arrêts du parlement qui mettent sa tête à prix. Remontrances du clergé, *A*, V, 600. — Voy. encore *B*, IV, 481.

MAZZUCHELLI, *B*, IV, 479.

MECKLEMBOURG (Pays de), visité par les Bohémiens, *A*, V, 458.

MÉDAILLES antiques, *A*, III, 405, 500, 501. — romaines trouvées à Sceaux

Michel (M. E.). Voy. *Metz.*

Michel (M. Françisque). Voy. *Normandie, Races maudites.*

Michelant (M. Henri), *B*, III, 350.

Michelet (M.). Voy. *France (Histoire de).*

Michon, avocat au parlement, *B*, V, 224.

Middelbourg (Traité contre les erreurs de Paul de), *A*, III, 374.

Mie, ma *mie.* Pourquoi ce mot se trouve dans le dictionnaire de l'Académie, *B*, II, 332.

Migne (M. l'abbé). Voy. *Démonstrations.*

Mignet (M.). Ses Notices et Mémoires historiques, *A*, V, 511.

Mignottement, d'une manière mignarde, *B*, V, 359.

Miles, traduit par *chevalier*, au moyen âge. Erreurs qui, d'après Bonivard, en sont la suite, *B*, V, 339.

Milice chrétienne (Ordre de la), fondé par le duc de Nevers en 1616, *A*, II, 546.

Milliaresii, monnaie, *B*, V, 138.

Milon le Bréban, *A*, II, 258, 266.

Minerve (Vœu à), *B*, IV, 326, 327.

Miniby, nom des lieux d'asile en Bretagne, *B*, III, 233 et suiv.

Miracles (Collections de) en vogue au moyen âge, *B*, IV, 341 et 342. — Notice sur un traité inédit, du XIIe siècle, intitulé *Miracula Ecclesiæ Constantiensis*, 339.

Mirandole (Pic de la), *B*, V, 356.

Mirebeau (bourg et château de), près Dijon, *B*, II, 255 et suiv.

Miroir. Sa signification, comme symbole, en archéologie, *B*, V, 37. — Le *Mirouer du monde*, traité de morale du XIIIe siècle, *B*, IV, 430.

Miron. Son ambassade en Suisse, *B*, II, 83.

Misnie, Saxe actuelle, visitée par les Bohémiens en 1418, *A*, V, 460, 461.

Mœurs (Procès pour outrage aux), en 1470, *B*, IV, 506.

Mois. Leurs noms dans le *Hortus deliciarum*, *A*, I, 255. — Voy. *Calendrier.*

Moïse de Khorène, auteur arménien du Ve siècle, *A*, III, 585.

Moisenai, village du domaine de l'abbaye de Saint-Maur-des-Fossés, *B*, I, 240 et suiv.

Molay (Jacques de), grand maître du Temple. Sa mort et ses dernières paroles, *A*, III, 2 et suiv.

Molé (1588), *B*, II, 448 et 458.

Molière. Sa comédie du *Docteur amoureux*, *B*, I, 300. — (Dictionnaire des locutions de), II, 597; III, 79.

Molinier (Guillaume), rédacteur de *las Leys d'amors*, *A*, IV, 368.

Monarchie française. Voy. *Montlosier, Lézardière* (Mlle de).

Monastères. Influence de leur établissement sur l'état social de la Belgique, *B*, I, 562. — (Tendance au suicide dans les), *A*, IV, 251.

Monétaires (Corps des), à Strasbourg, *A*, I, 436. Voy. *Monnoyers.*

Mongez (Notice sur M.), *A*, III, 230.

Mongols (Invasions des). Leur influence sur le commerce, *B*, I, 311, 323.

Monnaies épiscopales de Strasbourg, *A*, I, 432. — Monnaie et juridiction monétaire acquises par la ville de Strasbourg, 450. — Monnaies anglo-saxonnes et carlovingiennes découvertes dans le Lancashire, II, 596. — de Louis XI et de Henri II trouvées à Rosay, III, 112. — étrangères du moyen âge, 506. — normandes, *B*, III, 22, 23. — Histoire monétaire de la Normandie au XIIe siècle, V, 178 et suiv. — Monnaies des rois de Chypre, de la maison de Lusignan, V, 118, 413. — de Savoie et de Provence, V, 410 et 411. — françaises de la collect. de M. Rousseau, 422. — Voy. *Aquis Vason*, *Médailles, Seyne.*

Monnoyers du Saint-Empire, *A*, V, 96.

Monosticha *de Moribus*, vers latins de P. Syrus, *A*, II, 122.

Monréale, abbaye, près Palerme. Le corps de saint Louis y est déposé, *A*, V, 105. — Voy. *ibid.*, 206.

Monsieur. Voy. *Titres.*

Montagu-Marigny (Origines de la maison de) et de celle de Montagu-Sombernon, *A*, IV, 556.

Montaiglon (Anatole de Courde de), élève de l'École des chartes, *B*, III, 533; V, 44, 91, 421.

A publié dans la Bibl. de l'Éc. des ch. : Le livre de Géta et de Birria, ou l'Amphitryonéide, *B*, IV, 474; V, 425.

Montaigne. Ce qu'il dit de la mort volontaire, *A*, IV, 471. — (Documents inédits sur), pub. par M. Payen, *B*, III, 527.

Montaigu (Maurice, seigneur de) et de Commequiers, *A*, I, 369.

Montauban (Le seigneur de) se distingue à la bataille de Castillon, *B*, III, 246.

Montausier (M. de), gouverneur du Dauphin, fils de Louis XIV. Voy. *Dubois* (Mémoires de).

Mont-Cassin (Vers inédits de Charlemagne tirés de la bibl. du), *A*, I, 305. — (Histoire du), par D. Luigi Tosti, *A*, III,

407 ; IV, 504 ; *B*, IV, 177. — *Commentari della guerra di Cipro*, de Sereno, publiés par les Bénédictins du Mont-Cassin, *B*, IV, 434.

MONTCHAL, archevêque de Toulouse, l'un des présidents de l'assemblée du clergé tenue à Mantes, en 1641, *A*, V, 589 et 597. Voy. *Du Puy* (Pierre).

MONTDIDIER, *A*, II, 360.

MONTEIL (M.). Voy. *Français* (Hist. des).

MONTÉLIMART (Charte d'affranchissement de), *B*, III, 33 et suiv.

MONTENDRE (Trois ballades sur le combat de), par Christine de Pisan, *A*, I. 376.

MONTESQUIEU. Son opinion sur le suicide, *A*, IV, 473. — Son opinion sur les impôts dans la Gaule, *B*, IV, 199.

MONTFAUCON (Dom B. de). Sa correspondance avec l'Italie, publ. par M. Valery, *B*, III, 257.

MONTFLEURY, château de Humbert II, dauphin de Viennois, devenu monastère de filles, *A*, I, 268.

MONTFORT (Simon de), *A*, I, 401.

MONTGOMMERI. Titres de cette famille aux archives d'Alençon, *A*, I, 539, 540. — Voy. *Caen*.

MONTGRAVIER (M. Azéma de). Voy. *Mauritanie*.

MONTHOLON (De). avocat au parl. de Paris, 1588, *B*, II, 440 et suiv.

MONTLOSIER, auteur du livre : De la Monarchie française. *A*, IV, 175.

MONTLUC (Blaise de), maréchal de France. Lettre de lui sur le siége de Rabastens, *B*, I, 459. — Voy. *B*, II, 545 et suiv.

MONTMARTRE (L'abbesse de) concourt à la fondation de l'hospice des Ménétriers, à Paris, *A*, III, 388.

MONTMORENCY (Le sire de) fait sa soumission à Jeanne d'Arc, *B*, II, 147, 148, 165. — (Claude de), baron de Fosseux, I, 59. — (Matthieu de), connétable de France, IV, 144. — (Discours du sire de), aux bourgeois de Paris, *A*, V, 551.

MONTPELLIER (Documents sur le commerce maritime de), *B*, I, 306 ; III, 203 et suiv. — (Les artistes gothiques de), I, 473. — Note sur la bibl. de cette ville, IV, 278.

MONTPENSIER (Épigramme à Mlle de), *A*, V, 321.

MONTROND (Maxime FOURCHEUX de), élève pensionnaire de l'École des chartes, archiviste-paléographe, membre de la Soc. de l'Éc. des ch., *A*, I, 46. — correspondant du ministère de l'instr. pub., 580. — chargé des recherches préparatoires pour la continuation des Tables de Bréquigny, II, 594. — Son Histoire

d'Étampes, 404. — Son ouvrage sur les guerres saintes d'outre-mer, *ibid*.

A publié dans la Bibl. de l'Éc. des ch. : Vers inédits de Charlemagne, *A*, I, 305.

MONT-SAINT-JEAN (Ponce de), sire de Charny, *A*, IV, 552.

MONT-SAINT-VINCENT, assiégé et pris, *B*, I, 147.

MONUMENTS HISTORIQUES (Commission des), *B*, V, 92.

MOOYER (M.). Voy. *Normands*.

MORALITÉS, par Baude, *B*, V, 95. 117.

MORANGIS (Stances à Mme de), *A*, V, 321, 322.

MORÉE (Recherches sur la principauté française de), par M. Buchon, *B*, I, 554.

MOREL (Estienne), *B*, I, 51.

MORELOT (L.-S.-E.-H.), élève pensionnaire de l'École des chartes, *B*, I, 298. — membre de la Soc. de l'Éc. des ch., 387. — archiviste-paléographe, III, 175. — chargé d'une mission relative à l'hist. de la musique, 272.

MOREVEL, Montrevel, noms donnés par erreur à Charles Louviers, seigneur de Maurevert, *B*, II, 335.

MORIALE, organisateur de compagnies de brigands à Ancône, 1353, *A*, III, 259.

MORIN (Martin), imprimeur à Rouen, *B*, I, 89.

MORIN (Jean), prévôt des marchands de Paris, sous François Ier, *A*, V, 551 et suiv.

MORMAISON (Terre de), *B*, III, 249.

MORNAY (Pierre de), évêque d'Orléans et d'Auxerre, ambassadeur, chancelier de France sous Philippe le Bel, *A*, V, 143-170. — (Étienne de), chancelier de France, *A*, III, 11 et suiv.; V, 373-396. — (Pierre de), dit Gauluet, *B*, IV, 441. — (Duplessis-). Lettre de lui à Montaigne, III, 527. — (M. de), I, 480. — (Hist. de la maison de), *B*, I, 554.

MORT VOLONTAIRE (Opinions et législation sur la) au moyen âge, *A*, III, 539; IV, 242, 456.

MORTAGNE (Bailliage de), *B*, III, 97, 98, 101, 108.

MORTAING (Charte relative au couvent des Dames Blanches de), *B*, I, 191.

MORTEMAR (Le seigneur de), dépositaire de la bibliothèque de Charles d'Orléans, *A*, V, 63.

MORTS (Des monuments paléographiques concernant l'usage de prier pour les), *B*, III, 361. — (Rouleaux des). 369 et suiv.

MOSA, la Meuse, *B*, I, 172.

N

péditions des), III, 20 et suiv. — (La Charte aux). *A*, IV, 42. — Son inexécution donne lieu à un soulèvement, sous Charles VI, 49. — Charles VII la confirme, *ibid.* — Atteintes portées à la Charte aux Normands, 54. — Les Nupieds l'invoquent, 57. — Louis XIV la reconnaît, 58.

NOSTRADAMUS (César), *B*, III, 34 et 35.

NOTES TIRONIENNES, usitées en Touraine jusqu'au commencement du XIe siècle, *B*, I, 443, 446-449. — Voy. *Souscriptions.*

NOTRE-DAME-DE-LA-VICTOIRE, près Senlis, reconstruite par Louis XI, *A*, III, 477.

NOTRE-DAME de Vaison, *B*, IV, 333 et suiv.

NOTRE-DAME-LA-GRANDE de Poitiers. (Détails archéologiques sur), *B*, III, 187 et suiv.

NOTRE-DAME de Paris (Tradition relative aux marches de), *B*, IV, 188. — (Vices et Vertus figurés sur les bas-reliefs et sur les vitraux de), V, 31-44.

NOTRE-DAME de Chartres, *B*, V, 31-34.

NOTRE-DAME d'Amiens, *B*, V, 31-34.

NOTRE DAME DE-NAZARETH (Chapelle de), à Entrechaux. Son bas-relief, *B*, IV, 317. — Inscription trouvée sous son autel, 318 et suiv.

NOUFLLES (Jean de), auteur d'une chronique, *A*, I, 90.

NOYON. (Les reliques de saint Florent déposées à), *A*, III, 479. — (Évêque de), 479, 491. — (Correspondance entre le corps municipal de) et celui de Paris, en 1413, *B*, II, 52, 63, 69, 384.

NOYON (Claude), dit Lafont, roi des ménétriers, *A*, IV, 548.

NUMÉRATION. Les chiffres arabes et la valeur de position de ces chiffres ne sont pas de l'invention des Arabes, *A*, IV, 382-386.

NUMISMATIQUE (Revue de la) française, dirigée par MM. Cartier et De la Saussaye, *A*, III, 290, 405, 499.

NU-PIEDS, *A*, I, 122; IV, 57.

O

OBERT, évêque de Liége, *B*, III, 216, 225, 229.

OBSEQUENS (*Julius*), auteur du *Liber de Prodigiis*, *A*, V, 200.

OCTAVIEN, cardinal envoyé en France par le pape pour lever l'interdit prononcé contre Philippe-Auguste, *B*, I, 94 et suiv.

OCTROIS de la ville de Rennes, *B*, I, 530 et suiv.

OCULISTES (Cachets d') romains. Recherches sur ces monuments, *B*, III, 260; IV, 82.

ODILE, abbesse de Hohenbourg, *A*, I, 241.

ODIN. Son suicide, *A*, III, 551.

ODON (Le marquis), père de Tancrède, *A*, IV, 312.

OFFICES (Remarques d'Eude Rigaud sur la célébration des), *B*, III, 486.

OFFICIAUX (Empiétements des) sur la juridiction royale, *B*, I, 409; III, 386 et suiv.

OFFICIERS (Les grands) de la couronne n'avaient pas, par cette seule qualité, le droit de participer au jugement des pairs de France, *B*, V, 20.

OGIER-LE-DANOIS (Recherches sur), *A*, III, 521. — Origine de son surnom, *B*, II, 337. — *La Chevalerie Ogier de Danemarche*, par Raimbert de Paris, poëme publié par M. J. Barrois, *A*, IV, 389.

OGIVE (Mosquées de Damas et du Caire construites en), *B*, II, 503.

OI. De l'emploi de cette notation dans la langue française, *B*, II, 228 et suiv.

OLIM (Les) du parlement de Paris, *A*, I, 576; *B*, I, 262; IV, 438.

OMODÉI (M. le colonel), *B*, I, 44.

OPOIX (M. Christophe), auteur d'une Histoire de Provins, *B*, II, 467. — (M. Armand), éditeur de ce livre, *ibid.*

OPTATUS GALLUS, ouvrage pseudonyme de Claude Hersent, condamné par le parlement, *A*, V, 594. — Voy. *De Marca, Du Puy, Montchal, Richelieu.*

OR (Rapport de la valeur de l') à la valeur de l'argent, au XIIe siècle, *B*, V, 206 et 207.

ORAN (Province d'), *B*, V, 76. Voy. *Afrique.*

ORANGE. Document sur l'histoire de cette ville, *A*, I, 492. — Son aqueduc antique, *B*, IV, 329. — Son cirque, *ibid.*, note 1. — prise par les routiers, *B*, I, 133. — (Principauté d'), III, 42.

ORANGE (Fleur d'). Sens et emploi de cette locution, *B*, II, 324.

ORDERIC VITAL. Manuscrit de son Histoire ecclésiastique à la bibliot. publ. d'Alençon, *A*, I, 536. — Publicat. de cet ouvrage par M. Aug. Le Prévost, *B*, I, 563.

ORDONNANCES des rois de France (Collec-

P

PEINTRES (Corporation des) à Strasbourg, *A*, I, 449. — provinciaux de France, *B*, III, 448. — Épigramme contre un mauvais peintre (XVe siècle), III, 70.

PEINTURE (Guide de la), par Denys, moine byzantin, *B*, I, 461. — Au XIIe siècle. Voy. *St-Aubin d'Angers*. — Peintures à fresque dans la cathéd. de Brunswick, *B*, II, 89. — Peinture à l'huile, avant Jean Van Eyck, I, 540 et suiv. — sur verre, *A*, II, 587. — Portrait d'un abbé de St-Germain-des-Prés en 1405, *B*, II, 88.

PÉLERINAGES (Mémoire sur les) en Terre Sainte avant les croisades, *B*, II, 1. — Liste chronologique de ces pèlerinages, 23.

PELET (Sires de), issus des anciens vicomtes de Narbonne, *B*, II, 95.

PELLET (Jean), cordelier. — Voy. *Coquillon*.

PENTECÔTE (Procession de la), *B*, IV, 345-349.

PÉQUIGNY. Voy. *Picquigny*.

PÉQUIN. De l'origine et du sens de ce mot, *B*, II, 339.

PERCHE (Rareté des documents relatifs aux monastères du) avant le XIIIe siècle, *A*, I, 539. — Voy. *Normandie*.

PERDRIER DE BAUBIGNY (Généalogie de la famille), *B*, IV, 151, 152.

PÉRIGUEUX (Bourg et cité de). Ses consuls, *B*, III, 442. — Ses monuments antiques, IV, 46. — Périgueux et les deux derniers comtes de Périgord, par M. L. Dessalles, 54.

PERMUTATION réciproque du B et du V, *B*, IV, 320. — du C et du T, 401.

PÉRONNE (Péage de), *B*, III, 253.

PERRÉAL (Jean), architecte de l'église de Brou. — Voy. *Brou*.

PERRIER (Madame), sœur de Pascal, *A*, IV, 129. — Extraits de ses Mémoires, V, 316.

PERRUQUET, prétentieux, *B*, V, 365.

PERTZ (M. G. H.). Voy. *Brunswick, Germains*.

PÉRUGIN (le), peintre, *B*, III, 69.

PESASON, pied, *A*, II, 395.

PESCO (?), village du dioc. de Liége, *B*, II, 74.

PESTE de 1348 (Poëme latin relatif à la), par Sym. de Covino, *A*, II, 201.

PÉTIGNY (Jules de), élève de l'ancienne École des chartes, membre de la Soc. de l'Éc. des ch., *A*, I, 45. — Ses travaux aux archives du dép. de Loir-et-Cher, 516. — Son ouvrage sur les trois Brunier, II, 508. — Ses études sur l'hist. et les institutions de l'époque mérovingienne, IV, 90; *B*, I, 179, 372. — remporte pour cet ouvrage le prix Gobert à l'Acad. des inscriptions, 478, 550. — membre corresp. de l'Acad. des inscriptions, *B*, II, 468. — Son hist. du Vendômois, V, 422.

A publié dans la Bibliot. de l'Éc. des chartes : Notice sur Jacques Brunier, *A*, I, 263. — L'abbé Vert, *B*, I, 454. — Charte secrète d'Isabeau de Bavière, V, 329.

PETIT-CÉLIER (Enguerrand du), *A*, II, 375.

PETITOT, peintre en émail de Louis XIV, forcé d'abjurer le protestantisme, *B*, V, 420.

PÉTRARQUE, *A*, IV, 255; *B*, II, 574.

PETRUCCI (Ottaviano dei), inventeur de l'impression des notes de musique en caractères mobiles, *B*, II, 86.

PEUPLES (Mémoire sur l'origine et les émigrations des) qui ont habité au nord de la mer Noire et de la mer Caspienne, par M. Neumann, *B*, I, 553.

PEY BERLAND (Tour de) à Bordeaux, *B*, IV, 67.

PHÉNICIEN. Inscription phénicienne, *B*, IV, 426.

PHÉNIX. Signification symbolique de cet oiseau, *B*, V, 35.

PHILIPPE I. Voy. *Vœu*.

PHILIPPE-AUGUSTE. Sa politique contre Jean sans Terre, *B*, V, 2. — assiége Thouars, *A*, I, 366. — Dialogue entre lui et Pierre le Chantre, II, 398. — Histoire d'Ingeburge, sa femme; voy. *Ingeburge*. — Voy. encore, *B*, II, 254; III, 253.

PHILIPPE LE HARDI. Sa vie, par Guillaume de Nangis, *A*, III, 19. — Voy. encore IV, 580; *B*, IV, 521.

PHILIPPE LE BEL. Lettre écrite par lui à l'évêque d'Auxerre, Pierre de Mornay, relativement à son différend avec Boniface VIII, *A*, V, 154. — Son traité du 6 juin 1295 avec Éric, roi de Norwége, IV, 359 et 501. — Mémoire qui lui est adressé sur le gouvernement de son royaume, *B*, III, 273 et suiv. — Sa mort, *A*, III, 1 et suiv.

PHILIPPE LE BON, duc de Bourgogne, *B*, II, 254 et suiv.; V, 425.

PHILIPPE de Navarre (Notice sur la vie et les écrits de), par M. Beugnot, *A*, II, 1 et suiv., 290.

PHILIPPE (Lettre de), trésorier de Saint-Hilaire de Poitiers, au frère de saint Louis, *A*, I, 389.

vence, supprimé en 1759, *B*, V, 404.
Puy-Guillem (Siége de) en 1339, *B*, I, 38 et suiv.
Puy (Renaud du), *B*, II, 369 et suiv.

Puys (Laurent du), gardien d'Isabelle de Bavière, *B*. V, 336 et 337.
Pézénas, en Dauphiné, donné à Rodrigue de Villandrando, *B*, I, 153.

Q

Quadrio (l'abbé), *B*, IV, 479.
Quantin (M.). Voy. *Diplomatique, Yonne.*
Quatrebarbes (M. de). Voy. *René.*
Querci (Tableau du) sous Charles VII, *B*, I, 202.
Quesnel (Le P.). Ses lettres à Magliabecchi, *B*, III, 257.
Quesnoy (Le) assiégé, *B*, I, 42.
Queue (La), en Brie, *B*, I, 52.
Quicherat (Julien), élève pensionnaire de l'Éc. des ch., archiviste-paléog., membre de la Soc. de l'Éc. des ch., *A*, I, 47. — chargé de cataloguer les Mss. de la bibl. d'Arras, *A*, III, 111, 206; — des bibl. de Charleville et de Metz, IV, 187. — répétiteur général à l'Éc. des ch., *B*, III, 174. — membre de la Légion d'honneur, 449. — expert dans l'affaire Libri, IV, 358. — professeur à l'Éc. des ch., *B*, V, 389.— président de la Soc. de l'Éc. des ch., *ibid.*

A publié dans la Biblioth. de l'Éc. des ch. : Fragment d'un versificateur latin sur les figures de rhétorique, *A*, I, 51. — Lettres de rémission en faveur des enfants de Rob. Estienne, 565. — Fragments inédits de littérature latine, II, 115. — Recherches sur le chroniqueur Jean Castel, 461. — Thomas Basin, III, 313. — Fragments de Georges Chastellain, IV, 62.— Invocation à l'Éternel, par Tiberianus, 267. — Rodrigue de Villandrando, *B*, I, 119, 197. — Hist. de Jeanne d'Arc, d'après une chronique inédite du XV° siècle, II, 145.— Titres concernant Raymond du Temple, III, 55. — Chronique liégeoise (1117-1119), 214. — Henri Baude, poète du temps de Louis XI, V, 93.— Bulletin bibliogr., *A*, I, 404, 576, 579; II, 86, 88, 91, 301, 303, 403, 506; III, 102, 107, 196, 295, 580; IV, 79, 89, 376, 570, 584; V, 176, 202, 203, 405, 502; *B*, I, 85, 571; II, 175, 597; III, 354; IV, 81, 82.
Quiezburch (Le comte de), tué au siége de Neuss, en 1474, *B*, IV, 417.
Quinet (M. Edgar), *A*, II, 585.

R

Rabastens (Siége de), *B*, I, 459.
Rabelais (Polémique relative à un autographe de), *B*, III, 359, 463, 536.
Rabouin, espèce de monnaie, *A*, V, 122.
Races maudites (Histoire des) de la France et de l'Espagne, par M. Fr. Michel, *B*, III, 515 et 525.
Racine (Vers de) prononcés selon la méthode de M. Génin, *B*, II, 246 et suiv. — (Lettre de) à Boileau, V, 428.
Raffin (Bertrand de), évêque de Rodez, *A*, II, 565.
Raimbert de Paris, auteur du poéme d'*Ogier de Danemarche*, *A*, IV, 389.
Raimond d'Antioche, *A*, II, 340 et suiv
Raïs, dignité en Orient, *A*, II, 396, 517.
Ramus (Pierre). Ses travaux sur le français jugés par Bonivard, *B*, V, 345.
Raoul de Caen. Son histoire, *A*, IV, 306 et suiv., 516 et suiv.
Raoul-Rochette (M.), de l'Institut, membre de la commission de l'École des chartes, *A*, I, 50; — du conseil de perfectionnement, *B*, III, 175.
Rapport. — Peut-on dire *Sous le rapport de ? B*, II, 342.
Rapt (Tentative de) à Paris, en 1405, *B*, III, 316.
Rat (Le) employé comme symbole dans la sculpture du moyen âge, *B*, IV, 229-243; V, 426.
Raymond Bérenger II, comte de Provence, *B*, V, 400 et 401.
Raynouard (M.), de l'Institut. Son Lexique roman, *A*, II, 298. — Son système sur l'origine des langues romanes, apprécié par M. Fauriel, *A*, II, 515. — formule la théorie de la déclinaison romane, qu'il appelle règle de l'S, *A*, III, 72.— Voy. encore *A*, I, 125 et suiv., 465.
Ré (Ile de), incendiée, *A*, II, 163.
Recommandation (De la), sous les rois francks, *B*, IV, 202.
Redet (X. L.), élève pensionnaire de l'École des ch., archiviste-paléographe, mem-

par le grammairien *Virgilius Maro*, *A*, II, 139.

Rihoult (Le château de), en Artois, *B*, I, 42.

Rime (La) est d'un faible secours pour faire connaître la prononciation, *B*, II, 220.

Riquet, ingénieur du canal de Languedoc, *A*, IV, 91.

Rishomme (François), roi des ménétriers, *A*, IV, 548.

Rivail (Aimar du). Son Traité *De Allobrogibus*, pub. par M. de Terrebasse, *B*, I, 376.

Rivière (Dom Polycarpe de la), *B*, V, 398, 399.

Roannez (Mademoiselle de). Notice sur sa vie et ses rapports avec Blaise Pascal, *A*, V, 1.

Robe de femme au XVIe siècle, *A*, III, 158 et suiv.

Robeck écrit en faveur du suicide et se tue, *A*, IV, 475.

Robert (Le roi). Poëme satirique contre lui, *A*, I, 325.

Robert, comte de Flandre, *A*, II, 451.

Robert de Normandie, *A*, II, 459.

Robert, frère de Tancrède, omis par du Cauge dans sa Généalogie des princes normands, *A*, IV, 310.

Robert Ier, abbé de Saint-Germain-des-Prés, *B*, III, 417, note.

Robertet (Jacques), érudit, *B*, V, 98. — (Jean). Sa vie et ses ouvrages *B*, III, 69. — (Florimond), fils du précédent, ministre de Louis XII, *ibid.*

Roche-sur-Yon (La), en bas Poitou, *A*, I, 553 et suiv. — (Othon, seigneur de), 557.

Rochegude (Monnaies trouvées à), *B*, V, 406 et suiv.

Roches (Guillaume des), sénéchal d'Anjou et de Maine, *A*, I, 369.

Rodez (Les habitants de) se révoltent contre leur évêque, *A*, II, 563 et suiv.

Rodolphe, comte de Habsbourg, *A*, I, 446, 447.

Rodrigue, nom injurieux dans le Midi, *B*, I, 119. — (Le Petit), lieutenant de Villandrando, *B*, I, 205, 208, 233.

Roger de Saint-Lô, peintre, *B*, III, 69.

Roi de la bazoche de Rouen, *A*, I, 100. — Rois et royauté des ménétriers ou des violons, *A*, III, 394; IV, 543; V, 257 et suiv., 369.

Rois (Traduction des Quatre livres des), *A*, III, 207; *B*, II, 195 et suiv.

Roland, le paladin. Son trépas annoncé à Charlemagne par le comte Théodoric,

A, I, 311.—Représenté sur le tombeau d'Ogier-le-Danois, *A*, III, 536. — (Chanson de), *B*, II, 195 et suiv.

Rôles de l'échiquier d'Angleterre, *B*, V, 176. — de l'échiquier de Normandie, 174 et 276. — normands et anglais de Jean sans Terre, 175.

Rolle (Hipp.), élève de l'ancienne École des chartes, bibliothécaire de la ville de Paris, *A*, I, 44.

Romainmôtier (Abbaye de), *B*, IV, 430.

Romains. Leurs idées et leurs lois en matière de suicide, *A*, III, 540 et suiv.— (Mémoire sur la composition des tribunaux et l'administration de la justice chez les), par M. Laboulaye, *A*, IV, 569. — Voy. *Curie.*

Romane (Poésie). Notices et extraits de mss. relatifs à son histoire, par M. A. Keller, *B*, I, 296.— Voy. *Langues.*

Romans, ville du Dauphiné, *A*, I, 267.

Roncioni. Son histoire de Pise, *B*, IV, 436.— Voy. encore *B*, III, 43 ; V, 440.

Rosay (Découverte de monnaies d'or à), *A*, III, 112.

Rose (M.), *B*, V, 169, 421.

Rosière (George Havart, seigneur de la), *A*, III, 188.

Rosoy (Hugues de), *A*, I, 549, note.

Rote. Tableau des assises de ce tribunal au XVe siècle, *A*, III, 335.

Rotrou III, comte de Perche, fonde la chartreuse de Val-Dieu, *A*, I, 537.

Rouard (M.), auteur de Rapports sur des fouilles d'antiquités, à Aix, *A*, V, 202.

Rouen (Scène dans le château de) en 1449, *A*, III, 327.— Entrée de Charles, duc de Normandie, dans cette ville, 346 ; *B*, II, 596. — (De l'imprimerie et de la librairie à), par M. Ed. Frère, *B*, I, 88.— (Bibliothèque des échevins de), II, 596. — (Requête en vers des suppôts de la bazoche de), *A*, I, 99, 100. — (Monnaie de), *B*, V, 178 et suiv.;— sa valeur, 197. — (Recherches historiques sur), par M. Ch. Richard, *B*, II, 178. — (Histoire de) pendant l'époque communale (1150-1382), par M. Cheruel, *A*, V, 610; *B*, I, 184. — (Histoire de) au XVe siècle, par M. Cheruel, *A*, I, 406. —(Histoire du commerce maritime de), *B*, II, 582. — (Académie de), *A*, III, 204; *B*, I, 374, 387; II, 580; III, 80.— Voy. encore *A*, I, 99-102, 105; IV, 43-60.

Rouleaux des morts, *B*, III, 369 et suiv.

Roussel, roi des ménétriers, *A*, IV, 547.

Roussel (M.). Voy. *Urbain V.*

Roussillon (Documents sur le commerce

maritime du), *B*, III, 205. — (Expédition des routiers en), *B*, I, 215. — Chancelier établi dans cette province par Louis XI, *A*, III, 354, 256.

ROUTIERS (Les) au XIIe siècle, *A*, III, 125-147. — au XIIIe siècle, 417-447, — au XVe siècle. Tableaux de leurs mœurs, *B*, I, 124, 127, 140, 148, 152.

ROUVRES, château de Normandie. Voy. *Charlotte de France.*

ROXOLANI. Mémoire de Daunou sur ce peuple, *A*, III, 222.

ROYAN (Siége de), *B*, II, 561.

ROYE, en Picardie, privée des reliques de saint Florent, *A*, III, 475 et suiv.

ROZIÈRE (Eugène de), élève pensionnaire de l'École des chartes, *B*, I, 298. — remporte un prix à l'Institut pour son Histoire de Chypre, *A*, IV, 561. — Ses *Formulæ andegavenses*, *B*, I, 291. —

membre de la Société de l'Éc. des ch., 387. — archiviste-paléographe, *B*, III, 175, 516. — répétiteur à l'Éc. des ch., 174.

A publié dans la Bibl. de l'Éc. des ch. : Notice sur les archives de Malte, *B*, II, 567. — Des erreurs de dates contenues dans les registres du Trésor des chartes, III, 148. — Bull. bibliogr., 444.

RUBENS (Autographes de), *B*, V, 172, 256.

RUFFACH (Terre de), *A*, I, 432.

RULHIÈRE (Notice sur), par M. Daunou, *A*, III, 227. — Son Histoire de l'anarchie de Pologne, 234.

RURALE (Somme), ouvrage de jurisprudence, *A*, IV, 261; *B*, III, 123. — Voy. *Bouthillier.* — Paroles rurales, *B*, V, 362.

RUTILIUS LUPUS, *A*, I, 56.

S

S (Règle de l') dans le provençal et dans l'ancien français, *A*, I, 131 et suiv. — Son histoire; comment et par qui découverte, III, 72 et suiv. — M. Ampère l'étend et la perfectionne, 74. — L'S finale se prononçait-elle dans l'ancien français? *B*, II, 347. — S élidée dans les poëtes latins, *A*, I, 61. — Addition euphonique de cette lettre au commencement de certains noms de lieux, *B*, V, 405.

SABBAT, *B*, III, 100, 104.

SAGES (Jeu des SEPT), d'Ausone, *B*, I, 290.

SAIN (Joseph), *B*, I, 443.

SAINT-ANDOCHE (Charte de Charles le Chauve en faveur du monastère de), à Autun, *A*, I, 205.

SAINT-ANDRÉ (Église de), à Angoulème, *B*, III, 202.

SAINT-ANDRÉ (Église de), à Bordeaux, *B*, IV, 62 et suiv.

SAINT-ANGE (Affaire du Père), épisode de la vie de Pascal, *A*, IV, 111.

SAINT-AUBIN d'Angers. Travaux de peinture faits dans cette abbaye, *B*, III, 271.

SAINT-BÉNIGNE de Dijon. Fouilles faites dans cette église, *A*, II, 595.

SAINT-BENOÎT-SUR-LOIRE. Ses inscriptions, *B*, II, 79.

SAINT-BERTIN (Fouilles exécutées sur l'emplacement de l'ancienne église de), *B*, I, 91.

SAINT-BONIFACE (Richard, comte de). Sa cour au XIIIe siècle; ses relations avec

le troubadour Sordello, *A*, IV, 98.

SAINT-BONNET (M. de). Sa collection d'antiquités, à Malaucène, *B*, IV, 324 et suiv.

SAINT-BRIS (Théodore), élève pensionnaire de l'École des chartes, membre de la Soc. de l'Éc. des ch., *A*, I, 49.

A publié dans la Bibl. de l'Éc. des ch. : Lettre adressée en Égypte à Alphonse, comte de Poitiers, frère de saint Louis, *A*, I, 389.

SAINT-BRUNO (Église de), à Bordeaux, *B*, IV, 74.

SAINT-CHAMOND (Incendie de la bibliothèque de), *A*, III, 205.

SAINT-CHÉRON (M. Alexandre de), traducteur d'un ouvrage de M. Hurter, *A*, IV, 573. Voy. encore V, 171.

SAINT-CYPRIEN, abbaye, à Poitiers, *A*, II, 165.

SAINT-DENIS (Abbaye de). Ses marchés, du VIIe au IXe siècle, *B*, IV, 206-210. — (Chroniques de); leur rédaction, *A*, II, 57, 466 et suiv.; — leur publication par M. Bellaguet, *B*, I, 466. — (Inscription du portail de la basilique de), *A*, I, 408. — Commissions nommées pour la restauration du monument et de ses inscriptions, III, 206; IV, 296. — (Monographie de l'église de), par M. de Guilhermy, *B*, IV, 270. — Voy. *Chronique, Religieux.*

SAINT-ÉLOI (Église de), à Bordeaux, *B*, IV, 74.

SAINT-ÉLOI (Église de), à Paris. Étienne

Sanctio, Consanctio, noms anciens de la rivière d'Ubaye, *B*, V, 399.

Sanga, personnage d'un poëme du XIe siècle, *B*, IV, 494.

Sannio, *B*, IV, 494.

Santarem (M. de). Voy. *Cosmographie*.

Santone (Histoire de l'Église) et aunisienne, par M. l'abbé Briand, *B*, I, 376.

Sarcophage trouvé à Salonique, *A*, V, 300.

Sarrasins (Les), *A*, I, 365. — Leur séjour dans les Alpes, *B*, III, 260. — se servent du feu grégeois pendant les croisades, 339. — Existe-t-il en France des populations tirant leur origine de ce peuple ? 428. — Voy. *Arabes*.

Sarrebruck (Le comte de), *A*, II, 377.

Satalie, ville d'Asie Mineure, *B*, I, 305, 316, 326, 492 ; II, 123.

Sauger (M. P.). Voy. *St-Jean-de-Jérusalem*.

Saulcy (M. de), de l'Institut. Voy. *Académie*.

A publié dans la Bibl. de l'Éc. des ch. un mémoire intitulé : Tancrède, *A*, IV, 301 et 505.

Saumada (Bernard), *A*, III, 56.

Saumaise, *B*, V, 429.

Saumur (Recherches historiques sur la ville de), par J. A. Bodin, *B*, III, 522. — (Hist. mss. de St-Florent de), par dom Huynes, *A*, III, 414.

Saussaye (M. de la), de l'Institut. Sa Numismatique de la Gaule narbonnaise, *A*, III, 595. — Voy. *Académie*.

Savagnac (Sanche de), chef de routiers, vers 1180, *A*, III, 136.

Savary de Mauléon, sénéchal d'Anjou et de Maine, *A*, I, 367, 369.

Saverdun (Charte relative à), *B*, I, 191.

Saveuse (Jean de), *B*, I, 278.

Savigny (Charte relative à l'abbaye de), *B*, I, 191.

Savigny (M. de), *A*, V, 83, 84 ; *B*, IV, 220.

Savoie (Armes des ducs de), *A*, V, 433. — Jugement de Bonivard sur les chroniqueurs de Savoie, *B*, II, 402. — Voy. *Procédure*.

Savonarole, *A*, IV, 463.

Saxonia, *B*, I, 172. — Saxe, voy. *Misnie*.

Saxons (Vers latins rimés sur l'expédition de Chlotaire II contre les), *A*, I, 322, 323.

Scales (Le seigneur de) et Robert de Scales, combattants de Montendre, *A*, I, 377.

Sceau. A quel seigneur appartient le droit de se constituer par son propre sceau un procureur, *B*, I, 419. — de la corporation des ménétriers de Paris, *A*, III, 390. — des rois de Chypre de la maison de Lusignan, *A*, V, 118, 413. — de l'ordre du Temple, *B*, IV, 385. — Sceaux dans le Brandebourg, II, 185. — Sceau grotesque, III, 260. — Sur une collection de sceaux des rois et reines de France, *A*, IV, 476.

Sceaux (Loiret). Tombeaux gallo-romains qui y sont découverts. *A*, V, 412.

Schæfer (Wilhelm), chroniqueur de Hesse, plus connu sous le nom de Dilich, *A*, V, 460, note 5.

Schlegel (M. de), *A*, I, 465.

Schneider (J. L.), élève pensionnaire de l'École des ch., archiviste-paléographe, membre de la Société de l'Éc. des ch., *A*, I, 46. — attaché à la continuation des Tables chronol. de Bréquigny, II, 594.

Schöffenmeister. Voy. *Ammeister*.

Scewartz (Berthold), n'est pas l'inventeur de la poudre, mais de la grosse artillerie, *B*, I, 28, 47 et suiv.

Schweighaeuser (Alfred), élève de l'École des chartes, *B*, III, 532. — archiviste-paléographe, V, 255. — Sa thèse sur les Légations artificielles, 244.

Scott ou Lescot, philosophe du moyen âge, *B*, V, 365.

Secrétairerie d'État (Archives de la), réunies aux archives de la République, *B*, V, 170, 390.

Seefna, Edena, noms latins de la ville de Seyne, *B*, V, 400 et suiv.

Séez (Évêques de). Leurs démêlés avec l'abbaye de Marmoutier, *A*, I, 544 et 549, note.

Segalauni, *B*, I, 171.

Segesta, Egesta, ville de Sicile, *B*, V, 405.

Σεγομαρος, nom gaulois dans une inscription, *B*, IV, 312.

Séguier (Lettre du chancelier), en faveur du poète Adam Billaut, *B*, V, 314.

Ségur, prieuré en Albigeois, *B*, IV, 77.

Segusiani ou *Segusiavi*, peuple de la Gaule, *B*, III, 260.

Sénéchal de Normandie. Ses attributions, *B*, V, 266 et 267.

Sens (L'archevêque de), *A*, II, 246, 267, 377. — (Inscription romaine trouvée à), *B*, IV, 531.

Sentences latines inédites de l'antiquité, *A*, II, 116. — chrétiennes, II, 147.

Sépulcre (Saint-). Voy. *Saint-Sépulcre*.

Sérénades publiques données à Paris, *A*, IV, 541, 542.

Sereno (Mémoires de), publiés par les Bénédictins du Mont-Cassin, *B*, IV, 434.

Serfs. Forme de leur affranchissement chez les Lombards, *B*, III, 49. — Insurrection des serfs du prieuré de Sainte-Milburge

STATISTIQUE. Voy. *France* (Population de la).

STATUAIRE chrétienne, *B*, V, 75.

STATUES élevées par la ville de Strasbourg, *A*, I, 448. — Statues équestres colossales au portail des églises du Poitou, *B*, III, 189. — Statues élevées à *du Cange*, à *Jeanne d'Arc*, etc. Voy. ces noms.

STIPULATIONE SUBNEXA (*Cum*). Origine et explication de cette formule, *A*, II, 425 et suiv. — *Stipulatio aquiliana*, 432 et suiv.

STRASBOURG (Essai sur l'histoire municipale de), *A*, I, 430-459. — visité probablement par les Bohémiens, V, 469. — (Bibliothèque de), II, 594.

STROZZI (Philippe). Sa mort, *A*, IV, 461.

STUMPF (Jean), chroniqueur suisse du XVIe siècle, *A*, V, 462, note; *B*, V, 298, 303, 346, 349.

STYLE d'une cour de justice, *B*, I, 403. — *Stilus parlamenti*, recueil des règles de la procédure du parlement de Paris, en 1330, *A*, III, 48.

SUARÈS, marquis d'Aulan. Extrait de ses mss., *B*, IV, 323.

SUBSIDE levé pour la guerre de Flandre en 1328, *A*, I, 169.

SUBSTANTIFS (Des) dans le vieux français, *A*, I, 475.

SUICIDE. Voy. *Mort volontaire*.

SUISSE, visitée par les Bohémiens, *A*, V, 461, 469, 475, 533. — (Hist. de), *B*, I, 382. — (Archives de l'hist. de la), *A*, V, 516; *B*, II, 82. — Mémoires et documents publiés par la Société d'histoire de la Suisse romande, *B*, IV, 428. — Les Suisses, improprement appelés de ce nom, V, 346 et 347. — Voy. *Zurich*.

SUMMARIA *brevis*, etc. Opuscule anonyme du XIIIe siècle, sur la politique de la France, *B*, III, 273.

SUNNIS, essoine ou excuse judiciaire. Ses effets devant les tribunaux mérovingiens, *A*, I, 426 et suiv.

SUSE (Inscription de l'arc de), *B*, V, 396 et 397.

SYNAGOGUES. Voy. *Églises*.

SYNCOPE (Exemples imaginaires de), *B*, II, 352.

SYNTHÈSE, dans les langues, *A*, II, 481.

SYRIE. *A*, I, 365. — (Monuments francs de), *B*, II, 501 et suiv.

T

T euphonique, *B*, II, 308. — Voy. *Permutation*.

TABARCA, en Algérie. Ses bancs de coraux exploités au moyen âge, *B*, V, 135.

TABARY (M.), bouquiniste, *B*, I, 92; V, 427.

TABLE des diplômes de Bréquigny. Erreur de date, *B*, IV, 330, note 1.

TABLE de Flandre peinte, donnée par Charles VIII au receveur Briçonnet, *B*, IV, 422.

TABOUROT (Jean de), chanoine de Langres, auteur de l'Orchésographie, *A*, V, 264.

TACITE (Traduction de), par M. Ch. Louandre, *B*, II, 77.

TACTIQUE (Mémoire anonyme sur la), adressé à Philippe le Bel, *B*, III, 274 et suiv.

TAILLANDIER (M.), exécuteur testamentaire de M. Daunou, *A*, III, 250. — Ses discours à la chambre des députés en faveur de l'École des chartes, *A*, V, 620; *B*, I, 479; II, 486.

A publié dans la Bibl. de l'Éc. des ch. : Élection du député de la prévôté de Paris aux états généraux de 1588, *B*, II, 422.

TAILLECOL (Alain de), chef de compagnies, en 1369, *A*, III, 279.

TAILLES (Emploi des) dans la comptabilité, *B*, V, 277.

TAILLIAR (M.). Ses recherches sur la langue d'oïl, *A*, IV, 184; *B*, V, 423.

TALANT, château fort, près Dijon, *B*, II, 257 et suiv.

TALBOT. Récit de sa mort, *B*, III, 247; 507. — Son épée, *B*, IV, 418.

TALENT, synonyme de *besant*, *B*, V, 208.

TALMONT (Guillaume II et Pépin, seigneurs de), *A*, I, 553.

TANCARVILLE (Le comte de), *A*, II, 377.

TANCRÈDE (Notice sur la vie et la croisade de), *A*, IV, 301 et suiv.

TANLAY (Château de), *B*, I, 554.

TANTE. Formation de ce mot, *B*, II, 308.

TAPIA, mot roman, *A*, II, 395.

TAPIAS (B.), fait une donation à l'hôpital de Pierrelatte, *B*, II, 39 et suiv.

TAPISSERIES (Devises pour des), *B*, V, 128.

TARDIEU (Amédée), élève pensionnaire de l'Éc. des chartes, *A*, IV, 296. — membre de la Soc. de l'Éc. des chartes, *ibid.* — archiviste-paléographe, *B*, I, 559. — géographe du ministère des affaires étrangères, *A*, V, 204 ; *B*, V, 327. A publié dans la Bibl. de l'Ec. des chartes : Un article bibliogr., *B*, I, 76.

Tardif (Adolphe), élève boursier de l'École des chartes, *B*, III, 268, 532 ; IV, 188. — Sa thèse sur les comtes du palais, *B*, V, 242. — archiviste-paléographe, 255. — membre de la Soc. de l'Éc. des ch., 419.

Tardif (Jules), élève boursier de l'Ecole des chartes, *B*, III, 533; IV, 188; V, 91, 421.

Tardif (M. René), *B*, III, 533.

Tarquais, nom du carquois au moyen âge, *B*, IV, 402.

Tarse, en Cilicie, *A*, IV, 508.

Taverniers. Ordonnance qui leur défend de donner à boire après l'heure du couvre-feu, *A*, III, 403.

Taxes prohibitives dans l'ancienne France, *B*, III, 465 et suiv.

Tell (Recherches sur Guillaume), *B*, IV, 430.

Température. Voy. *France*.

Temple (Lettre à M. Beugnot sur les sceaux de l'ordre du) et sur le temple de Jérusalem au temps des croisades, *B*, IV, 385. — Ce qu'était le *Temple-Domini*, à Jérusalem, 394. — Ce qu'était le *Temple-Salomon*, *ibid.*

Temple (Raimond du), architecte de Charles V, *B*, III, 55 et suiv. — (Charles du), son fils, 56, 58.

Templiers (Donation faite aux), *B*, IV, 76. — (Abolition de l'ordre des), *A*, II, 163. — Les templiers à Mayence, *B*, II, 82.

Temporel des abbayes normandes au XIIIe siècle, *B*, III, 487.

Tenez (Inscriptions trouvées à), *A*, V, 411.

Tentes au XVIe siècle, *A*, III, 162.

Termes, château de Languedoc, *A*, V, 28. — (Olivier de), *B*, II, 369 et suiv.

Terre. Du prix et des revenus des terres cultivées au moyen âge, *A*, I, 547.

Terrebasse (M. de). Voy. *Rivail*.

Testament d'un chevalier mourant sous les armes, *A*, III, 282. — d'Étienne de Mornay, chancelier de France, V, 389 et suiv. — de la mule Barbeau, *B*, V, 99. — Des testaments suivant la coutume d'Alais, *B*, II, 108.

Testonner (Se), orner sa tête, *B*, V, 359.

Teulet (J. B. T. Alex.), élève pensionnaire de l'École des chartes, employé aux Archives du royaume, archiviste-paléographe, membre de la Soc. de l'Éc. des

ch., *A*, I, 45. — appelé comme expert en Angleterre dans le procès du comte de Stirling, 20. — membre de l'ordre de Saint-Philippe de Hesse, V, 103. — Son édition des Œuvres d'Éginhard, IV, 562 ; V, 103. — auxiliaire de l'Académie des inscript., *A*, I, 45; II, 594; *B*, III, 270. A publié dans la Bibl. de l'Ec. des ch. : Charte inédite du VIIe siècle, *A*, II, 568. — Extraits du Trésor des chartes, IV, 354. — Bulletin bibliogr., II, 403.

Théatre au VIIe siècle, *A*, I, 521. Voy. *Mystères, Tragédie*.

Théodoric (Le comte), annonce le trépas de Roland, *A*, I, 311.

Théodulfe, *A*, I, 310.

Théofrède (Saint), auteur d'un poëme intitulé *Micrologus*, sur la décadence du monde, *A*, I, 325.

Théophile, moine allemand du XIIe siècle. Son Traité des divers arts, *A*, V, 176; *B*, I, 541.

Théotolon, archevêque de Tours, *B*, I, 437 et suiv.

Thermes (Palais des), à Paris, *B*, I, 300, 573 ; III, 260.

Thévenin, chargé de payer les enlumineurs et les scribes de Louis d'Orléans, *A*, V, 65, 74.

Thézart (Louis), membre du conseil des états de 1358, *A*, II, 382.

Thibault VI, roi de Navarre et comte de Champagne. Chartes où il intervient, *B*, III, 254, 255; IV, 522.

Thibault VII, comte de Champagne, *A*, I, 292. — (Lettre de), relative à la mort de saint Louis, *A*, V, 165 et suiv. — (Charte de), *B*, I, 343. — Voy. *Tunis*.

Thibault de Marly. Ses vers sur le suicide, *A*, IV, 256.

Thierri III, roi des Francs, *B*, IV, 61.

Thierry (M. Amédée), de l'Institut. Son Histoire de la Gaule sous l'administration romaine, *A*, I, 574 ; *B*, V, 70.

Thierry (M. Augustin), de l'Institut. L'Académie Française lui décerne le prix Gobert, pour ses Récits des temps mérovingiens, *A*, I, 515; II, 511 ; V, 621. — Compte-rendu de ses ouvrages historiques, IV, 174.

Thinx, *Garathinx*, *Launichild*, institutions du droit lombard, *B*, III, 46 et suiv. — *Thinch*, plaid forain, *A*, I, 441.

Thomassy (Raymond), élève pensionnaire de l'École des chartes, archiviste-paléographe, membre de la Soc. de l'Éc. des

U

V

VALAIS (Hist. du), *B*, II, 82 et 83.

VALENÇAY (Léonor d'Étampes de), évêque de Chartres. Son rôle dans l'assemblée du clergé de 1641, *A*, V, 592.

VALENCIENNES, *A*, III, 569. — (Écroulement du beffroi de), VI, 399. — (Commune de). Lettre par elle adressée, en 1280, à celle de Saint-Quentin, *B*, III, 420, 422. — (Histoire ecclés. de la ville et comté de), par Simon Le Boucq, publ. par M. A. Prignet, *B*, I, 373.

VALENTINE DE MILAN, femme de Louis d'Orléans, *A*, IV, 530.

VALERY (M.), bibliothécaire du château de Versailles. Voy. *Mabillon*, *Montfaucon*.

VALETS de chambre du roi (Charges de), *B*, IV, 4, 7, 21.

VALLÉE (Jean de), *B*, V, 226.

VALLET DE VIRIVILLE (Auguste), élève pensionnaire de l'Éc. des chartes, archiviste-paléographe, membre de la Société de l'Éc. des ch., *A*, I, 48. — attaché aux travaux histor. de la Biblioth. royale, *A*, III, 312. — chargé de classer les archives de la cathédrale de Saint-Omer, IV, 502. — répétiteur à l'École des chartes, *B*, III, 174. — Ses Archives historiques du dép. de l'Aube, *A*, III, 111, 202. — Médaille accordée à cet ouvrage par l'Acad. des inscript., 596.

A publié dans la Bibliothèque de l'École des chartes : Les marques de la magistrature de Langres, *A*, I, 313.— Notice d'un mystère du XVe siècle représenté à Troyes, III, 448. — Lettres inédites de madame de Grignan, IV, 316. —Épisode de la vie de Jeanne d'Arc, 486. — Notice d'un mystère du XVe siècle, tiré de la biblioth. d'Arras, V, 37.— Notices et extraits de chartes et de mss. du *British Museum*, *B*, III, 110. — Notes et docum. pour servir à l'Histoire de l'École des chartes, IV, 153.— Bulletin bibliogr., *A*, III, 516; IV, 292, 294, 389; V, 196; *B*, II, 84, 85, 274, 280; III, 164, 165, 167, 262, 525; IV, 185, 272.

VALOIS (Charles, comte de), fait condamner Marigny, *A*, III, 9 et suiv.— Voy. aussi *B*, IV, 522.

VALOIS (Adrien et Charles DE). Voyez *Glossaire*. — Voy. encore *B*, V, 394.

VANDERBOURG (Notice sur M. de), par M. Daunou, *A*, III, 230.

VAN-PRAET (Notice sur M.), par M. Daunou, *A*, III, 230 et suiv.

VAQUEIRAS (Rambaud de), troubadour, *A*, IV, 27.

VARENNES (Aymon de), auteur du roman de Florimont, *B*, II, 193.

VARIN (M. Pierre), *B*, V, 390.

VARIN (Quintin), peintre, *B*, III, 448.

VARIUS (Notice sur le Thyeste de), *A*, I, 52.

VASSAUX directs du roi, grands vassaux de la couronne. Leur position depuis Hugues Capet, *B*, IV, 282 et suiv.

VASSY (Enguerrand de) donne une terre à l'abbaye de Sainte-Marie d'Ardenne, *A*, I, 550.

VATICAN (Note sur la bibliothèque du), *B*, III, 270; V, 427.

VAUDOIS (Les) du XVe siècle, *B*, III, 81 et suiv. — Ce qu'étaient les Vaudois, du XIe au XVe siècle, 98 et suiv. — Origine du nom de Vaudois appliqué aux sorciers, 105.

VAUDREUIL, en Normandie (Devis des travaux de peinture exécutés au château de), *B*, I, 540-545.

VAUGELAS. Ses remarques sur la langue française, *A*, I, 461. — sauve le mot *autrui* que l'Académie voulait rejeter, *A*, III, 85.

VAULABELLE (M. Ach.), *B*, V, 90.

VAULCHIER DU DESCHAULX (Renée de), élève pensionnaire de l'Éc. des ch., memb. de la Soc. de l'Éc. des ch., *A*, I, 49. — archiviste-paléographe, II, 589.

VEAMINI, nom de peuple sur le trophée de la Turbie, *B*, V, 394 et 396.

VEAMINII, nom de peuple sur l'arc de Suse, *B*, V, 397.

VENDÉE (Description du dép. de la), par M. J. A. Cavoleau, *B*, I, 375.

VENDÔME (Château de), *B*, V, 332. — (Abbaye de la Trinité de). Voy. *Trinité*.

VENDÔMOIS (Hist. archéologique du), par M. de Pétigny, *B*, II, 279; V, 422.

VENETTE (Jean de), l'un des continuateurs de Guillaume de Nangis, auteur d'une histoire des Trois Maries, en vers français, *A*, III, 29-46.

VENISE. Son alliance avec la maison d'Anjou contre la maison d'Aragon, *A*, III, 185. — Description de son arsenal, en 1459, 189. — (Documents extraits des archives de), *B*, III, 208. — (Peintures historiques à), *A*, V, 422. — Son commerce en Orient, *B*, I, 311, 485.

VENTADOUR (Le comte de), *A*, II, 577.— (Bernard de), troubadour, IV, 27.

VENTS (Rose des), dans le *Hortus delicia-rum*, *A*, I, 246.

VIOLONS (Les vingt-quatre) de la chambre du roi, *A*, IV, 539; V. 256, 259. — Leurs priviléges, 345. — Leur suppression, 365.

VIRE (Prise de), en 1368, *A*, III, 274 et suiv.

VIRGILE (Notices latines inédites sur), *A*, II, 127. — Épigramme sur ses œuvres, 129. — Épigrammes à lui attribuées, 131. — (Poëmes supposés de), *B*, IV, 483.

VIRGILIUS MARO (Dissert. sur le grammairien), *A*, II, 130 et suiv. — Examen de ses œuvres par M. Marty-Laveaux, *B*, V, 245; par M. Ozanam, 378.

VISITES pastorales d'Eude Rigaud, *B*, III, 479 et suiv.

VITAL, abbé de Savigny (Rôle funèbre de), *B*, III, 380 et suiv.

VITAL de Blois, poëte latin du moyen âge. Son Amphitryonéide, *B*, IV, 474 et suiv.; V, 425.

VITET (M.), de l'Institut, *A*, IV, 565 et suiv. Voy. *Académie*.

VITRI (Philippe de), translateur des Métamorphoses d'Ovide en vers, *B*, IV, 231.

VOCONTII, peuple de la Gaule, *B*, IV, 306, 308. — Préfet de la province des Voconces, 318 et suiv. — Observations sur la variante *Bocontii*, 319, 320. — Recherches sur les antiquités romaines du pays des Vocontiens, par M. Long, *B*, II, 573.

VOEU. Philippe Ier fait vœu en 1199 de partir pour la Palestine. Eudes de Chalon accomplit le vœu à sa place et reçoit des priviléges, *A*, II, 405.

VOIE ROMAINE découverte dans la rue Saint-Jacques, à Paris, *A*, III, 598.

VOIRIE (Droit de), *B*, III, 351.

VOISIÈRE (Jean de LA), *B*, II, 452.

VOISINS (Pierre des), *B*, II, 370 et suiv.

VOLTAIRE (Orthographe de) discutée, *B*, II, 228 et suiv.

VOLTINA ou VOLTINIA (Tribu), *B*, IV, 318, 319.

VOULTON (Notice sur le prieuré de), près Provins, *B*, I, 331. — Liste de ses prieurs, 338. — Description de son église, 340.

VRAI, n'a pas la même origine que *Vers* ou *Voir*, *B*, II, 223.

VUALDROMAR, abbé de Saint-Germain-des-Prés, en 697, *A*, II, 568.

W

WAILLY (Jean de), chancelier du duc de Guyenne, fils de Charles VI, *B*, I, 280.

WAILLY (M. Natalis de), de l'Institut, membre de diverses commissions de l'Académie des Inscr., *A*, II, 511; *B*, III, 460. — Observations sur des sceaux publiés par lui, *B*, IV, 385.

A publié dans la Bibl. de l'Éc. des ch. : Notice sur une collection de sceaux des rois et reines de France, *A*, IV, 476. — Examen critique de la vie de saint Louis, par Geoffroy de Beaulieu, V, 205. — Notice sur une chronique anonyme du XIIIe siècle, *B*, I, 389. — Notice sur Guillaume Guiart, III, 1. — Mémoire sur un opuscule anonyme intitulé : *Summaria brevis, etc.*, 273.

WALA et Louis le Débonnaire, *B*, V, 241.

WALCKENAER (M.), secrétaire perpétuel de l'Acad. des inscript. et belles-lettres, *A*, IV, 565; V, 614; *B*, II, 576. — membre du conseil de perfectionnement de l'Éc. des chartes, III, 175. — Erreur dans sa Géographie des Gaules, V, 394 et suiv. — Voy. *Sévigné*.

WALTER (Gabriel), chroniqueur suisse, *A*, V, 464, note.

WALTHER de Géroldseck, évêque de Strasbourg, *A*, I, 446-449.

WARIN, comte de Mâcon, au IXe siècle, *A*, I, 207.

WEHRGELD. Sens de ce mot, *B*, II, 173.

WEIDMANN (M.). Voy. *Saint-Gall*.

WEY (Francis), élève pensionnaire de l'Éc. des chartes, archiviste-paléographe, membre de la Soc. de l'Éc. des ch., *A*, I, 48. — Chevalier de la Légion d'honneur, *B*, II, 468.

A publié dans la Biblioth. de l'Éc. des ch. un article intitulé : Étude sur la langue française à propos de l'ouvrage posthume de G. Fallot, *A*, I, 460. — Voy. *Langues*.

WINCHESTER (Congrès d'archéologues anglais à), *B*, II, 90.

WINCKELMANN, *B*, IV, 498, note.

WITDENIERS (Osbern), occupait Thomas Becket à titre d'écrivain, *A*, IV, 219.

WITEVALE (Richard), chevalier anglais, l'un des combattants de Montendre, *A*, I, 377.

WOLF, auteur d'un Traité grammatical du vieux français, *A*, I, 465.

WOONSTOCK (Découverte à) de la corres-

ERRATA.

IIe SÉRIE.

T. V. P. 381, l. 29, *au lieu de* s'est tracée, *lisez* s'est tracé.

P. 431, l. 35, *au lieu de* 172, 355, *lisez* 172, 256.

P. 433, l. 3 de la note, *au lieu de* dixième, *lisez* onzième.

P. 439, l. 8 et 9, *au lieu de* 24,000 fr., *lisez* 24,000 florins.

Ibid., l. 5 en remontant, *au lieu de* T. II, p. 241, *lisez* T. I, p. 241.

P. 440, l. 9, *au lieu de* T. IV, p. 318 et 419, *lisez* T. IV, p. 318 et 319.

Ibid., même ligne, *au lieu de* AECI....., *lisez* AEDI....

TABLE.

P. 8. 1250 (environ).—Getæ et Birriæ liber... *Reportez* cet article à la date : 990 (??)

P. 9. 1295, 6 juin. — Traité d'alliance, etc., *au lieu de* A, II, 359, *lisez* A, IV, 359 et 501.

P. 10. 1363, juin. — Trois lettres de rémission... *Reportez* cet article à la date : 1453, juin.

P. 13, col. 2, lig. 6 en remontant, *au lieu de* 1436, 17 mars ; *lisez* 1439, 17 mars.

P. 20, dans l'art. ALLEMANDE (Langue), *au lieu de* voyez *Langue gauloise, lisez* voy. *Gaulois.*

P. 21, à l'art. ANTONIN, *supprimez* Voy. *Archéologiques.*

P. 24, après l'art. AUBE, *ajoutez* ALBENAS (M. Adolphe). Voy. *Sévigné.*

P. 27, après l'art. BELGIQUE, *insérez* BELLAGUET (M. L.). Voy. *Saint-Denis.*

P. 28, à l'art. BIBLIOGRAPHIE, *ajoutez* Bibliographie analytique (Revue de), A, I, 406 ; II, 91.

P. 34, dans l'art. CARTIER, *supprimez* Voy. *Chartrain* (Monnaies au type).

P. 40, après l'art. CURIE, *ajoutez* CURIOSITÉS bibliographique, par M. L. Lalanne, B, I, 465. — biographiques, par le même, III, 531.

Paris. — Typographie de Firmin Didot frères, rue Jacob, 56.